ABORDER LA CULTURE **COMME UN JEU**

Qui a dit : « *la culture, c'est ce qui reste quand on a tout oublié* » ? Inutile de répondre à cette question, pourtant judicieuse.

Mais il est vrai qu'est loin le temps où nous avons découvert que Molière s'appelait en réalité Jean-Baptiste Poquelin et que Néron en mourant s'était écrié : « *Quel artiste périt avec moi !* »

Comment l'avons-nous appris ? Auprès de nos grands-parents ? À l'école ? Dans un livre ? Et pourtant ces petits faits, ces dates, ces titres d'œuvres sont restés gravés en nous. Ils font partie de nous-mêmes. Rendant le monde moins opaque, plus intelligible, ils l'embellissent et nous enrichissent.

À l'adolescence, connaître l'âge de la Terre, l'orthographe du mot « amygdale » ou l'autre nom d'Aménophis IV nous paraissait inutile. Et apprendre une leçon, un sévice insupportable ! Aujourd'hui, nous en tirons fierté. Une sorte d'élégance de l'esprit que nous cultivons volontiers. Savoir quel romancier est membre de l'Académie royale espagnole depuis 2003, est-ce assez chic ! Loin d'être une contrainte, c'est même un véritable jeu de connaître, d'apprendre et de jauger ses connaissances. On a envie d'en savoir plus, d'aller plus loin…

Vraiment ? Alors jouons ensemble !

Étienne de Montety
Directeur du Figaro Littéraire

SOMMAIRE

AVANT-PROPOS

La culture générale : vaste sujet s'il en est, dont on ne peut à vrai dire définir les contours tant son champ est infini. Tout son intérêt réside dans sa diversité. Proposer un ouvrage qui lui est dédié impose de sélectionner des sujets et des thèmes nécessairement arbitraires. Pourquoi cette question plutôt que telle autre ? Pourquoi évoquer cette personnalité alors que celle-ci est au moins aussi importante ?

Il faut s'y résoudre : l'exhaustivité est antinomique avec la notion de culture générale. Dès lors, le propos de ce numéro spécial est d'offrir à l'esprit le plus fascinant des voyages, dans le temps, dans l'espace ou dans l'immensité des productions humaines.

Il ne faut pas s'attendre non plus à une quelconque hiérarchie. Car la culture, qu'on la dise noble ou populaire, avec un grand ou un petit c, forme un tout indissociable, sans exclusive ni notion de classement autre que celui aidant à la lisibilité de l'ensemble.

Vous entamerez donc ici votre parcours par une exploration de l'histoire et de la géographie. Vous aborderez ensuite les aimables rives de l'art et de la littérature. Puis vous partirez à la découverte du monde implacable des sciences et des techniques avant de voguer du côté des plus grandes manifestations de la pensée humaine, avec la philosophie et les religions.

Enfin, nous vous proposons de tester vos connaissances en matière de langue française et de mathématiques, avec deux séries de quizz : la première sur l'orthographe, la grammaire et la conjugaison, et la seconde sur l'algèbre et la géométrie.

À vous de jouer !

HISTOIRE & GÉOGRAPHIE

La préhistoire commence avec l'apparition de l'homme. Traditionnellement, on la divise en trois grandes parties liées à l'évolution des industries de la pierre et de la technologie : le paléolithique (« ancien âge de la pierre »), le mésolithique (période charnière au cours de laquelle se développent les activités de chasse et de pêche) et le néolithique (« nouvel âge de la pierre »). La préhistoire prend fin avec l'avènement de l'écriture et l'apparition des grandes civilisations de l'Antiquité, aux environs de 3300 avant J.-C.

Solutions des quiz page 82

1 / Quand la vie est-elle apparue sur la Terre ?

a - Il y a 4 milliards d'années. ☐
b - Il y a 3,5 milliards d'années. ☐
c - Il y a 1,7 milliard d'années. ☐
d - Il y a 50 000 ans. ☐

QUI ÉTAIT

BOUCHER DE PERTHES

Jacques Boucher de Perthes (1788-1868) est le père de la préhistoire. À une époque où l'on s'accorde à penser que l'apparition de l'homme remonte à -4000 ans, il prouve par ses fouilles que l'homme et le mammouth ont vécu au même moment. C'est tout le propos de son célèbre discours : *De l'homme antédiluvien et de ses œuvres*. Violemment contesté, il connaît pourtant la consécration peu de temps après, en 1864, lorsqu'est découverte en Dordogne la grotte de la Madeleine, dans laquelle l'homme préhistorique a gravé un mammouth.

L'*HOMO HABILIS*

L'*Homo habilis* fut découvert en 1964 en Tanzanie. Il aurait vécu il y a -2,4 millions d'années et aurait probablement fabriqué des galets taillés ou *chopping tools*. Sa capacité crânienne, autour de 600 cm³, est plus importante que celle des espèces précédentes, mais il est toujours d'une petite stature, soit 1,25 m environ.

2 / Depuis sa création, combien de périodes d'extinction massive des espèces a connues notre planète ?

a - 3 ☐
b - 4 ☐
c - 6 ☐
d - 10 ☐

3 / On a retrouvé des fossiles de dinosaures :

a - En Europe et en Afrique ☐
b - En Europe et en Asie ☐
c - En Asie ☐
d - Dans le monde entier ☐

4 / Les dinosaures naissaient :

a - Dans le ventre de leur mère ☐
b - Dans l'eau ☐
c - Dans des œufs ☐
d - Dans la terre ☐

5 / Quand l'homme de Neandertal a-t-il disparu ?

a - Il y a 50 000 ans. ☐
b - Il y a 25 000 ans. ☐
c - Il y a 10 000 ans. ☐
d - Il y a 5 000 ans. ☐

6 / Quel est le nom de la période la plus longue de la préhistoire ?

a - Le paléolithique ☐
b - Le mésolithique ☐
c - Le néolithique ☐
d - Les temps longs ☐

7 / En Europe, quelle époque s'étend approximativement entre 2500 et 1800 avant J.-C. ?

a - L'âge du cuivre ☐
b - L'âge du bronze ☐
c - L'âge du fer ☐
d - Le néolithique ☐

8 / Quel peuple a dominé l'Anatolie au IIᵉ millénaire avant notre ère ?

a - Les Égyptiens ☐
b - Les Phéniciens ☐
c - Les Babyloniens ☐
d - Les Hittites ☐

9 / Quel pharaon égyptien remporte la bataille de Qadesh sur les Hittites en 1274 avant notre ère ?

a - Ramsès II ☐
b - Ramsès III ☐
c - Aménophis III ☐
d - Toutankhamon ☐

10 / Quel est l'autre nom du pharaon Aménophis IV ?

a - Toutankhamon ☐
b - Moïse ☐
c - Akhenaton ☐
d - Osiris ☐

11 / Vers quelle année fut fondée Marseille ?

a - 800 avant J.-C. ☐
b - 600 avant J.-C. ☐
c - 300 avant J.-C. ☐
d - 150 après J.-C. ☐

12 / Quelle bataille navale fut remportée sur les Perses en 480 avant J.-C. par la flotte grecque menée par Thémistocle ?

a - Marathon ☐
b - Platée ☐
c - Salamine ☐
d - Actium ☐

13 / Que fit Alexandre le Grand devant le nœud gordien ?

a - Il l'ignora. ☐
b - Il le dénoua. ☐
c - Il le lia à d'autres nœuds. ☐
d - Il le trancha. ☐

14 / Quel personnage mit fin à la République romaine et inaugura le nouveau régime du principat ?

a - Jules César ☐
b - Octave-Auguste ☐
c - Marc-Antoine ☐
d - Tibère ☐

15 / Pour garder une belle peau, Cléopâtre prenait des bains de lait…

a - De coco ☐
b - D'ânesse ☐
c - De brebis ☐
d - De vache ☐

16 / Quel empereur romain mourut en s'écriant : « Quel artiste périt avec moi ! » ?

a - Auguste ☐
b - Tibère ☐
c - Néron ☐
d - Vespasien ☐

17 / En quelle année Rome fut-elle prise et pillée par les Wisigoths ?

a - 125 ☐
b - 257 ☐
c - 410 ☐
d - 453 ☐

LES GRANDES CIVILISATIONS

LA MÉSOPOTAMIE

Le pays de Sumer, ou Mésopotamie, nom donné par les Grecs et qui signifie « pays d'entre les deux fleuves », s'étend entre le Tigre et l'Euphrate, sur le territoire de l'Irak actuel. Peuplé déjà il y a 6 000 ans, il voit arriver vers - 3300 des Sumériens, s'installant dans le Sud. On ignore d'où ils viennent. Ils créent des cités-États (Uruk, Eridu, Kish), dominées par une caste de prêtres-princes qui gouvernent depuis le grand temple, situé sur une terrasse élevée au centre de la ville. Pour comptabiliser les offrandes ou savoir d'où elles proviennent, ils inventent l'écriture vers - 3300.

L'ÉGYPTE

Connue depuis Hérodote comme le « don du Nil », l'Égypte est un long ruban fertile de plus de 1 000 km, mais seulement cultivable sur une toute petite largeur, de 1 à 2 km. C'est pourtant sur cette mince bande que toute l'histoire égyptienne va se dérouler. La civilisation égyptienne présente une très grande unité. Unité politique, d'abord : en dehors des périodes de troubles, appelées « périodes intermédiaires », les dynasties se succèdent avec une grande régularité, parfois à plusieurs sur différentes parties du pays, mais le plus souvent en le gouvernant tout entier. Unité linguistique, ensuite, pratiquée jusqu'à la période romaine. Unité enfin derrière l'apparente multiplication des dieux, dans la volonté de se les concilier pour couler des jours heureux au bord du Nil.

LE MOT À REDÉCOUVRIR

SATRAPE

Dans l'Empire perse, gouverneur de province ayant autorité administrative et judiciaire et qui levait les impôts.

LES DATES À RETENIR

- 3 millions d'années

Paléolithique

Avènement du paléolithique, avec l'apparition des hominidés.

- 450 000

Maîtrise du feu

La maîtrise du feu commence à se répandre chez les premiers hommes.

- 135 000

Homo erectus

Naissance de l'*Homo erectus*. On en trouve des traces à Java, en Chine, ainsi qu'en Afrique de l'Est et du Sud.

Vers - 3000

Les Sumériens

Les Sumériens mettent au point un premier système de transcription écrite, d'abord pictographique et idéographique, puis simplement phonique.

- 1290

Ramsès II

Le pharaon Ramsès II accède au trône d'Égypte. Il règnera près de 70 ans.

- 776

Jeux olympiques

Les premiers Jeux olympiques de l'histoire se déroulent à Olympie. S'y affrontent des représentants des principales cités grecques.

DU MOYEN ÂGE À NOS JOURS

L'histoire, ce sont des événements et les dates correspondantes, un peu comme : « 1515 ? – Marignan ! » Mais un fait seul nous apprend peu de choses. Il faut s'élever, avoir une vue d'ensemble, connaître les grandes périodes et percevoir les tournants, les moments décisifs. Posséder ces repères, c'est savoir qui l'on est, d'où l'on vient… pour mieux envisager l'avenir.

Solutions des quiz page 82

UNE DISCIPLINE À PART ENTIÈRE

L'Antiquité gréco-romaine a vu apparaître des chroniqueurs, tel Hérodote (vers 484-420 av. J.-C.), soucieux de s'affranchir des récits mythiques pour narrer les grands événements et tenter d'en expliquer les causes. Abreuvé d'imagerie religieuse, le Moyen Âge est marqué par la rédaction de textes consacrés à la vie des saints qui, le plus souvent, sont rédigés par des moines. Avec l'humanisme de la Renaissance, le goût pour l'épigraphie se développe. Les guerres de religion du XVIe siècle fournissent aussi leur lot d'historiens. Avec Machiavel (1469-1527), l'histoire devient source de réflexion sur le pouvoir. Mais c'est avec la création de l'École nationale des chartes, en 1821, que les historiens deviennent enfin de véritables profesisonnels.

LE MOT À REDÉCOUVRIR

ÉPIGRAPHIE

Discipline dédiée à l'étude et à la connaissance des inscriptions, généralement anciennes.

1 / Au Ve siècle, quel empereur byzantin tente de reconquérir les territoires perdus face aux Barbares ?

- **a -** Héraclius Ier ☐
- **b -** Constantin ☐
- **c -** Théodose Ier ☐
- **d -** Justinien ☐

2 / En quelle année Clovis a-t-il été baptisé ?

- **a -** 466 ☐
- **b -** 476 ☐
- **c -** 486 ☐
- **d -** 496 ☐

3 / Au VIe siècle, quelle reine de Neustrie était réputée pour sa cruauté ?

- **a -** Brunehaut ☐
- **b -** Clothilde ☐
- **c -** Galswinthe ☐
- **d -** Frédégonde ☐

4 / Quand furent jurés les serments de Strasbourg ?

- **a -** En 750 ☐
- **b -** En 840 ☐
- **c -** En 842 ☐
- **d -** En 902 ☐

5 / Quel roi de France est mort à Tunis en 1270, alors qu'il participait à la huitième croisade ?

- **a -** Louis VII ☐
- **b -** Louis VIII ☐
- **c -** Louis IX ☑
- **d -** Louis X ☐

6 / À la fin du XIIIe siècle, combien d'habitants comptait Paris ?

- **a -** 20 000 ☐
- **b -** 100 000 ☐
- **c -** 200 000 ☐
- **d -** 1 000 000 ☐

7 / Combien de temps a duré la guerre de Cent Ans ?

- **a -** 98 ans ☐
- **b -** 100 ans ☐
- **c -** 107 ans ☐
- **d -** 116 ans ☐

8 / Quand a eu lieu la bataille d'Azincourt ?

- **a -** En 1214 ☐
- **b -** En 1315 ☐
- **c -** En 1415 ☐
- **d -** En 1515 ☐

9 / Quel roi reçut le soutien de Jeanne d'Arc dans sa reconquête de la France face aux Anglais ?

- **a -** Charles V ☐
- **b -** Charles VI ☐
- **c -** Charles VII ☐
- **d -** Louis XI ☐

10 / En Angleterre, au XVe siècle, la guerre des Deux-Roses opposa :

- **a -** Les Stuarts et les Hanovres ☐
- **b -** Les Plantagenêts et les Capétiens ☐
- **c -** Les Lancastres et les Yorks ☐
- **d -** Les Gloucesters et les Cambridges ☐

11 / Quand Christophe Colomb a-t-il découvert l'Amérique ?

a - Le 12 janvier 1492 ☐
b - Le 12 mars 1492 ☐
c - Le 12 juillet 1492 ☐
d - Le 12 octobre 1492 ☐

12 / Quel explorateur réalisa la première circumnavigation ?

a - James Cook ☐
b - Vasco de Gama ☐
c - Amerigo Vespucci ☐
d - Fernand de Magellan ☐

13 / Quel souverain espagnol fit construire le palais et monastère de l'Escurial ?

a - Jeanne la Folle ☐
b - Charles Quint ☐
c - Philippe II ☐
d - Philippe IV ☐

14 / Quand a eu lieu le massacre de la Saint-Barthélemy ?

a - En 1560 ☐
b - En 1570 ☐
c - En 1572 ☐
d - En 1574 ☐

15 / Quel était le principal impôt direct sous l'Ancien Régime ?

a - La taille ☐
b - La gabelle ☐
c - Les aides ☐
d - La paulette ☐

16 / Quel roi de France fut auparavant roi de Pologne ?

a - François Ier ☐
b - Charles X ☐
c - Henri III ☐
d - Henri IV ☐

17 / À quel conflit ont mis fin les traités de Westphalie de 1648 ?

a - La guerre de Trente Ans ☐
b - La guerre de Dix Ans ☐
c - La guerre de Succession d'Espagne ☐
d - La guerre de Succession d'Autriche ☐

18 / Quand les Bourbons ont-ils succédé aux Valois ?

a - En 1328 ☐
b - En 1589 ☐
c - En 1661 ☐
d - En 1715 ☐

19 / Quel roi de France a régné le plus longtemps ?

a - François Ier ☐
b - Henri II ☐
c - Louis XIV ☐
d - Louis V ☐

20 / Quelles sont les dates du règne de Louis XIII ?

a - 1610-1637 ☐
b - 1610-1640 ☐
c - 1610-1643 ☐
d - 1610-1659 ☐

21 / Quel ministre de Louis XIV était plus particulièrement chargé de la guerre ?

a - Fouquet ☐
b - Colbert ☐
c - Louvois ☐
d - Torcy ☐

22 / Les ressortissants juifs et chrétiens de l'Empire ottoman portaient le nom de :

a - Dhimmi ☐
b - Thimmi ☐
c - Zimmi ☐
d - Simmi ☐

23 / Quel lien de parenté unit Louis XIV et Louis XV ?

a - Père et fils ☐
b - Grand-père et petit-fils ☐
c - Arrière-grand-père et arrière-petit-fils ☐
d - Ils étaient frères. ☐

D'OÙ VIENT CETTE CITATION ?

SOUVIENS-TOI DU VASE DE SOISSONS !

C'est Grégoire de Tours (539-594), évêque de Tours et historien, qui rapporte dans son *Histoire des Francs*, l'épisode du vase de Soissons. Clovis, devenu roi des Francs à l'âge de 15 ans, triomphe des armées du dernier général romain Syagrius à la bataille de Soissons en 486. Comme le veut la coutume, le butin doit être partagé par tirage au sort entre tous les soldats, mais Clovis souhaite restituer à l'évêque Rémi un vase liturgique volé dans l'église de Reims. Un soldat s'oppose à cette demande contraire à l'usage et frappe le vase d'un coup de francisque. Clovis ne dit rien, mais un an plus tard lors d'une revue de ses troupes, il s'arrête devant le soldat, lui reproche la mauvaise tenue de son armement et jette sa hache par terre ; alors que le soldat se baisse pour la ramasser, Clovis le tue d'un coup de francisque sur la tête en disant : « Voilà ce que tu as fait au vase de Soissons ! ».

LES DATES À RETENIR

1261-1266

La Légende dorée

Publication en latin de *La Légende dorée*, de Jacques de Voragine, relatant la vie d'environ 150 saints et martyrs chrétiens.

1616

Les Tragiques

Publication des *Tragiques* de Théodore Agrippa d'Aubigné, poème épique en sept livres relatant les persécutions subies par les protestants.

1739-1749

Saint-Simon

Saint-Simon rédige ses *Mémoires*, précieux témoignage de la fin du règne de Louis XIV et de la Régence.

UN PERSONNAGE ESSENTIEL

MARTIN LUTHER

En 1517, le moine allemand Martin Luther (1483-1546) placarde ses « 95 thèses », dans lesquelles il dénonce la vente des indulgences, qui se multipliaient alors. Imaginées par la papauté, elles permettaient à tout pécheur d'obtenir la remise de ses fautes moyennant finances, ce qui permettait ainsi à l'Église de s'enrichir. Luther, convaincu d'être désigné par Dieu, développe sa doctrine, affirmant le salut par la seule foi et l'autorité de la seule Écriture sainte. Le vent de la Réforme est levé. Des princes d'Allemagne, puis des pays scandinaves, se rallient à Luther. Ce dernier traduit la Bible en allemand et s'impose comme un chef d'Église, fixant le culte, la liturgie. Il est d'emblée une grande figure allemande. Respectueux du pouvoir politique, il prend le parti des princes lors de la révolte des paysans de 1524-1525.

QUI EST

FRANCISCO PIZARRO

Francisco Pizarro (1475-1541) est un célèbre conquistador, mélange explosif de courage, d'audace et d'avidité. Flanqué de ses trois frères beaucoup plus jeunes, Hernando, Gonzalo et Juan, Francisco s'empare pour la couronne d'Espagne de l'empire des Incas (12 millions d'habitants). Pizarro exploite remarquablement la guerre de Succession qui ravage l'empire, opposant Atahualpa et son demi-frère Huascar. Le 16 novembre 1532, Pizarro et ses 168 soldats (106 fantassins, 62 cavaliers) rencontrent, à Cajamarca, Atahualpa à la tête de 80 000 Incas. D'un côté se dresse une poignée d'hommes cuirassés, avec des chevaux et des armes à feu. De l'autre se tiennent des guerriers superbement vêtus de plumes. Ces derniers sont pris de panique et anéantis. Les Espagnols ne subissent quant à eux aucune perte. Atahualpa est capturé. Une énorme rançon est versée pour sa libération. Atahualpa accepte même d'être baptisé. Mais Pizarro veut une victoire absolue et définitive. Il décide donc de faire étrangler l'empereur.

24 / Quel événement fut le déclencheur de la Révolution française ?

a - La suppression des parlements ☐
b - La réunion des États généraux ☐
c - La mort du roi ☐
d - L'invasion des armées autrichiennes ☐

25 / Quand Louis XVI a-t-il été guillotiné ?

a - Le 21 janvier 1793 ☐
b - Le 21 mars 1793 ☐
c - Le 21 avril 1791 ☐
d - Le 21 septembre 1793 ☐

26 / Quel régime succéda au Directoire ?

a - Le Consulat ☐
b - Le Premier Empire ☐
c - La Restauration ☐
d - La Convention ☐

27 / À quelle date Napoléon Bonaparte s'empara-t-il du pouvoir ?

a - 1799 ☐
b - 1803 ☐
c - 1804 ☐
d - 1811 ☐

28 / Laquelle de ces institutions n'a pas été créée par Napoléon ?

a - Les lycées ☐
b - Les préfets ☐
c - Le code civil ☐
d - Les départements ☐

29 / Laquelle de ces batailles n'a pas été gagnée par Napoléon ?

a - Austerlitz ☐
b - Leipzig ☐
c - Marengo ☐
d - Iéna ☐

30 / Quel homme politique avait pour mot d'ordre : « Enrichissez-vous, par le travail et par l'épargne » ?

a - Thiers ☐
b - Napoléon III ☐
c - Decazes ☐
d - Guizot ☐

31 / Classez dans l'ordre chronologique ces régimes politiques français :

1 - Le Second Empire.
2 - La Restauration.
3 - Le Directoire.
4 - La IIe République.

a - 1, 2, 3, 4 ☐
b - 3, 2, 4, 1 ☐
c - 4, 3, 1, 2 ☐
d - 3, 1, 2, 4 ☐

32 / En quelle année le suffrage universel masculin a-t-il été définitivement établi en France ?

a - 1791 ☐
b - 1814 ☐
c - 1848 ☐
d - 1871 ☐

33 / À Paris, quand le palais des Tuileries a-t-il brûlé ?

a - Pendant la Révolution française ☐
b - En juin 1848 ☐
c - En 1871 ☐
d - En mai 1969 ☐

34 / De quel événement le congrès de Vienne de 1814-1815 entendait-il tirer les conséquences ?

a - La guerre de Trente Ans ☐
b - Les guerres de la Révolution et de l'Empire ☐
c - La guerre de Succession d'Espagne ☐
d - La Première Guerre mondiale ☐

35 / Placez dans l'ordre chronologique les quatre événements suivants :

1 - La guerre franco-prussienne
2 - La Commune
3 - La proclamation de la IIIe République
4 - Le boulangisme

a - 1, 2, 3, 4 ☐
b - 2, 1, 3, 4 ☐
c - 1, 3, 2, 4 ☐
d - 4, 1, 3, 2 ☐

36 / Quand la France a-t-elle annexé la Savoie et le comté de Nice ?

a - En 1791 ☐
b - En 1815 ☐
c - En 1860 ☐
d - En 1871 ☐

37 / Quel pays vainquit la Russie en 1905 ?

a - La Chine ☐
b - L'Allemagne ☐
c - Le Royaume-Uni ☐
d - Le Japon ☐

38 / Combien de révolutions a connues la Russie en 1917 ?

a - 1 ☐
b - 2 ☐
c - 3 ☐
d - 6 ☐

39 / Quel président français est devenu fou au cours de son mandat ?

a - Raymond Poincaré ☐
b - Alexandre Millerand ☐
c - Albert Lebrun ☐
d - Paul Deschanel ☐

40 / Quels accords, signés en 1938, entraînèrent l'abandon de la Tchécoslovaquie face à l'Allemagne nazie ?

a - Les accords de Nuremberg ☐
b - Les accords de Dresde ☐
c - Les accords de Berlin ☐
d - Les accords de Munich ☐

41 / Quel président des États-Unis a été élu quatre fois de suite ?

a - Franklin Roosevelt ☐
b - Théodore Roosevelt ☐
c - George Washington ☐
d - Richard Nixon ☐

42 / Qui fut le premier Premier ministre de la ve République ?

a - Michel Debré ☐
b - Georges Pompidou ☐
c - Pierre Messmer ☐
d - Jacques Chaban-Delmas ☐

43 / Lequel de ces pays n'est pas une ancienne colonie belge ?

a - Le Congo-Kinshasa ☐
b - Le Congo-Brazzaville ☐
c - Le Burundi ☐
d - Le Rwanda ☐

44 / Lequel de ces présidents américains n'appartenait pas au parti républicain ?

a - Richard Nixon ☐
b - Lyndon Johnson ☐
c - Dwight Eisenhower ☐
d - Ronald Reagan ☐

45 / En 1973, quelle guerre opposa Israël à ses voisins ?

a - La guerre des Six Jours ☐
b - La guerre du Sinaï ☐
c - La guerre du Kippour ☐
d - L'Intifada ☐

46 / Quel président des États-Unis parla d'« empire du mal » à propos de l'URSS ?

a - Ronald Reagan ☐
b - George Bush père ☐
c - George Bush fils ☐
d - Jimmy Carter ☐

D'OÙ VIENT CETTE CITATION ?

LA GARDE MEURT MAIS NE SE REND PAS.

À une vingtaine de kilomètres au sud de Bruxelles, près de Waterloo, le 18 juin 1815 s'est déroulée la dernière bataille de Napoléon Ier : d'un côté l'armée française et de l'autre la coalition des Britanniques, des Allemands, des Prussiens. Durant celle-ci, le général Pierre Cambronne, fidèle de Napoléon Ier, commandant de la Vieille Garde, aurait catégoriquement refusé de se rendre aux Anglais en s'écriant : « La garde meurt mais ne se rend pas » ; puis, comme le général anglais Charles Colville insistait, il aurait répondu le mot célèbre : « Merde ! ». Finalement blessé et fait prisonnier, Cambronne réfuta par la suite avoir prononcé de tels mots, mais la légende était en route et Victor Hugo, grand admirateur de Napoléon Ier, reprit cette scène dans son roman *Les Misérables* (1862) en consacrant tout un chapitre à Cambronne (Tome II, Livre premier « Waterloo », chapitre XV, Cambronne).

LES DATES À RETENIR

1798

Michelet

Naissance à Paris le 21 août de Jules Michelet, considéré comme l'un des grands historiens du XIXe siècle.

1822

Champollion

Jean-François Champollion perce le secret des hiéroglyphes égyptiens.

1929

L'école des Annales

Création par Marc Bloch (1886-1944) et Lucien Febvre (1878-1956) de l'école des Annales, qui marque une coupure avec l'histoire positiviste, soucieuse surtout des événements et des faits.

47 / Quel archipel fut la cause d'une guerre entre l'Argentine et le Royaume-Uni en 1982 ?

a - Les Malouines ☐
b - Sainte-Hélène ☐
c - Les îles du Cap-Vert ☐
d - La Terre de Feu ☐

QU'EST-CE QUE

LA SDN

Pour le président des États-Unis Thomas W. Wilson (1856-1924), la Grande Guerre de 1914-1918 doit être « la der des ders », et la paix une vraie paix, rendant impossible tout nouvel affrontement armé. Le dernier des « quatorze points » de Wilson, présentés le 8 janvier 1918 et promettant un ordre international juste, prévoit : « Une association générale des nations devra être formée [...] dans le but de fournir des garanties mutuelles d'indépendance politique et d'intégrité territoriale aux grands comme aux petits États. » Tous les États sont appelés à conclure entre eux un pacte social par lequel ils s'engagent à ne plus s'agresser, à se respecter les uns les autres. Ce sera la Société des Nations (SDN). Pourtant à l'origine de sa création, les États-Unis n'en seront jamais membres.

UNE EXPRESSION CONSACRÉE

LA GUERRE FROIDE

Expression popularisée par l'Américain Walter Lippmann (1889-1974), la « guerre froide » désigne le conflit larvé qui oppose les États-Unis et l'Union soviétique à partir de 1947. Les deux belligérants évitent l'affrontement direct, qui aurait probablement causé la destruction de la planète, mais s'affrontent par combattants interposés : ainsi, les États-Unis s'engagent en Corée (1950-1953) ou au Viêt Nam (1964-1973), l'URSS en Afghanistan (1979-1989). La guerre froide est marquée par la course aux armements, par des crises comme celle de Cuba en 1962 et par de brefs épisodes de dégel. Elle prend fin avec le démantèlement de l'URSS en 1991.

48 / Qui fut Premier ministre entre 1984 et 1986 ?

a - Pierre Mauroy ☐
b - Jacques Chirac ☐
c - Laurent Fabius ☐
d - Édouard Balladur ☐

49 / On fait souvent de Rome l'une des racines de l'Europe... Mais combien d'États de l'Union européenne actuelle ont jadis fait partie de l'Empire romain ?

a - 5 ☐
b - 10 ☐
c - 15 ☐
d - 20 ☐

50 / Quand a été signé le traité de l'Élysée, qui célébrait le renouveau de l'amitié franco-allemande ?

a - En 1953 ☐
b - En 1957 ☐
c - En 1963 ☐
d - En 1967 ☐

51 / Quel État a rejoint les communautés européennes en 1981 ?

a - La Grèce ☐
b - L'Espagne ☐
c - Le Portugal ☐
d - La Finlande ☐

52 / À quand remontent les premières élections du Parlement européen au suffrage universel ?

a - À 1968 ☐
b - À 1972 ☐
c - À 1974 ☐
d - À 1979 ☐

53 / Combien d'États, aujourd'hui membres de l'Union européenne, ont fait partie de l'URSS ?

a - 3 ☐
b - 7 ☐
c - 10 ☐
d - 12 ☐

54 / Lequel de ces leaders européens de l'entre-deux-guerres n'a pas participé aux accords de Munich (1938) ?

a - Adolph Hitler ☐
b - Benito Mussolini ☐
c - Francisco Franco ☐
d - Édouard Daladier ☐

55 / Lequel de ces vainqueurs de la Seconde Guerre mondiale n'a pas participé à la conférence de Yalta (1945) ?

a - Franklin Roosevelt ☐
b - Winston Churchill ☐
c - Joseph Staline ☐
d - Charles de Gaulle ☐

56 / Quand l'Inde est-elle devenue indépendante ?

a - En 1942 ☐
b - En 1947 ☐
c - En 1952 ☐
d - En 1957 ☐

57 / À quand remonte l'indépendance de l'Argentine ?

a - À 1816 ☐
b - À 1856 ☐
c - À 1916 ☐
d - À 1956 ☐

58 / Lequel de ces États n'appartenait pas à l'URSS ?

a - La Biélorussie ☐
b - La Géorgie ☐
c - L'Arménie ☐
d - La Roumanie ☐

59 / Quand a eu lieu le coup d'État du général Pinochet, au Chili ?

a - En 1970 ☐
b - En 1973 ☐
c - En 1976 ☐
d - En 1979 ☐

60 / En quelle année Nelson Mandela (1918-2013) a-t-il reçu le prix Nobel de la paix ?

a - En 1993 ☐
b - En 1994 ☐
c - En 1995 ☐
d - En 1996 ☐

61 / Quand a eu lieu la seconde intifada, ou « guerre des Pierres » ?

a - En 1990 ☐
b - En 1993 ☐
c - En 1996 ☐
d - En 2000 ☐

62 / Quand la ville de Hong Kong a-t-elle été rétrocédée à la Chine ?

a - En 1992 ☐
b - En 1995 ☐
c - En 1997 ☐
d - En 2000 ☐

63 / Quelle province de la Géorgie la Russie a-t-elle envahie en 2008 ?

a - L'Ossétie du Nord ☐
b - L'Ossétie du Sud ☐
c - L'Abkhazie ☐
d - L'Adjarie ☐

64 / Quand le Tunisien Mohamed Bouazizi s'immola-t-il par le feu, marquant ainsi le début du Printemps arabe ?

a - Le 15 septembre 2009 ☐
b - Le 17 décembre 2010 ☐
c - Le 28 octobre 2011 ☐
d - Le 21 novembre 2012 ☐

65 / Qui s'est écrié « I want my money back » au sortir d'un Conseil européen ?

a - Winston Churchill ☐
b - Margaret Thatcher ☐
c - Élisabeth II ☐
d - Tony Blair ☐

66 / Quelle fut la principale conséquence de l'Acte unique européen de 1986 ?

a - L'approfondissement de la coopération militaire ☐
b - L'augmentation des contributions financières des États ☐
c - La défense de la liberté de circulation des personnes, marchandises et capitaux ☐
d - La mise en place de la politique agricole commune ☐

67 / À la ratification de quel traité européen, Français et Néerlandais se sont-ils opposés par voie de référendum en 2005 ?

a - Le traité établissant une constitution pour l'Europe ☐
b - Le traité fédéral européen ☐
c - Le traité établissant un gouvernement européen ☐
d - Le traité d'élargissement de l'UE ☐

UNE CITATION INCONTOURNABLE

YES, WE CAN

Les campagnes électorales sont souvent l'occasion de cristalliser en quelques mots un espoir et un programme. Ainsi, lorsque Barack Obama remporte la première primaire du camp démocrate dans l'Iowa le 3 janvier 2008, c'est la surprise générale, car sa concurrente Hillary Clinton était donnée favorite. En revanche, quand cinq jours plus tard il perd la primaire du New Hampshire, tout le monde pense que la situation est redevenue normale. Barack Obama prononce alors un discours sur le thème du changement où le verbe « pouvoir » (*can*) revient comme un leitmotiv avec en point d'orgue la formule « *Yes, we can* » qui devient son slogan. C'est le début d'une irrésistible ascension qui le conduira à être élu, le 4 novembre 2008, 44e président des États-Unis.

68 / Quand l'euro a-t-il été mis en circulation ?

a - En 1992 ☐
b - En 1997 ☐
c - En 2002 ☐
d - En 2007 ☐

LES DATES À RETENIR

1957

La CEE

Le 25 mars est signé le traité de Rome, qui fonde la Communauté économique européenne.

1973

Une Europe élargie

Le 1er janvier, l'Europe est pour la première fois élargie pour passer à 9 pays, avec l'adhésion du Danemark, de l'Irlande et du Royaume-Uni.

1992

L'Union européenne

Le 7 février 1992 est adopté par les 12 États membres de la CEE, le traité de Maastricht, qui fonde l'Union européenne.

2013

Une Europe à 28

Le 1er janvier, l'Europe passe à 28 membres, avec l'entrée de la Croatie.

2017

Le Brexit

Le 29 mars, le Royaume-Uni notifie au Conseil européen son intention de quitter l'UE. C'est le début des négociations entre le gouvernement britannique et la Commission européenne en vue d'un accord sur les modalités de la séparation.

GÉOGRAPHIE DE LA FRANCE

La géographie, ce sont avant tout des données physiques à connaître. De l'environnement terrestre et climatique découlent la répartition de la population, un type de culture ou le développement d'une région. En termes de superficie, la France n'est pas le plus grand des pays, mais nous avons la chance de connaître des conditions favorables : climat tempéré, présence de côtes, de chaînes montagneuses et de belles plaines. Mais au fait, connaissez-vous bien toutes les caractéristiques de notre beau pays ?

Solutions des quiz page 83

LES DATES À RETENIR

1960

Protection de l'environnement

Le 22 juillet est votée une loi précisant que tout territoire présentant un intérêt particulier, qu'il soit d'ordre biologique ou lié au caractère exceptionnel de son relief, doit être protégé. C'est cette loi qui est à l'origine de la création des parcs nationaux.

1971

Ministère de l'Environnement

Sous l'impulsion du président Georges Pompidou, le premier ministère de l'Environnement est créé, afin d'assurer la protection de la nature.

2007

Le développement durable

C'est désormais le ministère de l'Écologie et du Développement durable qui prend en charge les problématiques environnementales.

2017

Un nouveau nom

Ce ministère devient celui de la Transition écologique et solidaire, prenant ainsi acte de la nécessité de modifier la gestion des ressources naturelles.

1 / Quelle est, environ, la superficie de la France métropolitaine ?

- **a -** 500 000 km^2 ☐
- **b -** 700 000 km^2 ☐
- **c -** 1 million de km^2 ☐
- **d -** 1,25 million de km^2 ☐

2 / Quelle est la plus petite région française ?

- **a -** La Corse ☐
- **b -** La Normandie ☐
- **c -** L'Occitanie ☐
- **d -** Le Grand Est ☐

3 / La Garonne prend sa source :

- **a -** En France ☐
- **b -** En Espagne ☐
- **c -** Au Portugal ☐
- **d -** Dans la principauté d'Andorre ☐

4 / Lequel de ces fleuves se jette dans la Méditerranée ?

- **a -** Le Tarn ☐
- **b -** L'Aube ☐
- **c -** L'Ariège ☐
- **d -** L'Aude ☐

5 / Quel département français a la plus longue frontière avec l'étranger ?

- **a -** Le Haut-Rhin ☐
- **b -** Le Nord ☐
- **c -** La Guyane ☐
- **d -** Les Alpes-Maritimes ☐

6 / Quel volcan actif est situé sur l'île de la Réunion ?

- **a -** La Soufrière ☐
- **b -** Le Piton de la Fournaise ☐
- **c -** Le mont Aso ☐
- **d -** Le Vésuve ☐

7 / Sur quelle île se trouve la montagne Pelée ?

- **a -** La Réunion ☐
- **b -** Mayotte ☐
- **c -** La Guadeloupe ☐
- **d -** La Martinique ☐

8 / De quel département la ville d'Orléans est-elle le chef-lieu ?

- **a -** L'Eure-et-Loir ☐
- **b -** La Loire ☐
- **c -** Le Cher ☐
- **d -** Le Loiret ☐

9 / Combien de départements compte la région Auvergne-Rhône-Alpes ?

- **a -** 8 ☐
- **b -** 10 ☐
- **c -** 12 ☐
- **d -** 15 ☐

10 / Lequel de ces départements est à l'est d'Orléans ?

- **a -** La Vendée ☐
- **b -** La Sarthe ☐
- **c -** La Creuse ☐
- **d -** La Haute-Marne ☐

11 / Quel est le chef-lieu de la Savoie ?

a - Chambéry ☐
b - Annecy ☐
c - Besançon ☐
d - Grenoble ☐

12 / Quel est le chef-lieu du Morbihan ?

a - Quimper ☐
b - Vannes ☐
c - La Roche-sur-Yon ☐
d - Rennes ☐

13 / Quelle est la région de France métropolitaine qui compte le plus fort pourcentage d'agriculteurs ?

a - Les Hauts-de-France ☐
b - La Normandie ☐
c - La Bretagne ☐
d - La Nouvelle-Aquitaine ☐

14 / Parmi ces régions françaises, quelle est celle dont la population est la plus faible ?

a - L'Île-de-France ☐
b - La Bourgogne-Franche-Comté ☐
c - La Normandie ☐
d - La Nouvelle-Aquitaine ☐

15 / Quel pourcentage du territoire français est recouvert par la forêt ?

a - 11 % ☐
b - 18 % ☐
c - 22 % ☐
d - 31 % ☐

16 / Combien la France compte-t-elle de parcs nationaux ?

a - 5 ☐
b - 7 ☐
c - 10 ☐
d - 15 ☐

17 / Quel organisme est chargé de la protection des côtes ?

a - L'ONF ☐
b - Le Conservatoire du littoral ☐
c - Les préfectures maritimes ☐
d - L'Agence du littoral ☐

18 / Combien y a-t-il de centrales nucléaires en France ?

a - 7 ☐
b - 12 ☐
c - 19 ☐
d - 35 ☐

19 / En France, quelle est la première source des gaz à effet de serre ?

a - L'industrie ☐
b - Les transports ☐
c - Le logement ☐
d - L'agriculture ☐

20 / Quelle est la consommation d'eau moyenne d'un Français ?

a - 50 l par jour ☐
b - 75 l par jour ☐
c - 120 l par jour ☐
d - 150 l par jour ☐

QUI EST

PAUL VIDAL DE LA BLACHE

Ancien élève de l'École normale supérieure, Paul Vidal de La Blache (1845-1918) est d'abord maître de conférences à Nancy puis professeur à la Sorbonne. Son œuvre est dominée par le souci de faire émerger, en France, une géographie moderne et scientifique, inspirée de l'exemple allemand et des historiens contemporains. Pour cela, il crée la revue *Annales de géographie* en 1892 et un *Atlas général* en 1894. Son *Tableau de la géographie de la France* (1903) – en fait, une introduction à l'histoire nationale – connaît un immense succès ; il y fait la part belle aux influences naturelles et dénonce les pesanteurs héritées du passé. Malgré certaines remises en cause récentes, il passe pour le « père fondateur » de la géographie française.

LE MOT À REDÉCOUVRIR

ESTRAN

Il s'agit de l'espace côtier tantôt couvert, tantôt découvert, par les marées.

LE PARC AMAZONIEN DE GUYANE

Quelque 300 000 sortes d'insectes – sans compter les dizaines de milliers d'autres qui ne sont pas répertoriés –, 1 600 espèces de vertébrés, 6 000 espèces végétales, au moins... Tout cela n'est qu'une évaluation basse de ce que l'on peut découvrir dans ce que François Mitterrand nomma - en annonçant ainsi le projet – le Grand Parc de la forêt tropicale guyanaise, lors du sommet de la Terre à Rio, en 1992. Quinze ans plus tard, en février 2007, le parc s'ouvre au sud de la Guyane. Il couvre 34 000 km², dont 20 000 km² au cœur du parc. Celui-ci se compose de cinq communes, pour une population d'environ 18 000 habitants. Ce parc national est le plus vaste de France, mais aussi de l'Union européenne !

UNE BELLE EXPRESSION

LA LIGNE BLEUE DES VOSGES

Par ces quelques lignes issues de son testament, Jules Ferry, mort en 1893, légua aux Français une expression promise à un bel avenir. Car derrière la poétique ligne bleue des Vosges se trouvaient l'Alsace et la Moselle, annexées par l'Allemagne au lendemain de la guerre de 1870. Cette perte était une plaie béante au cœur du député vosgien comme de ses compatriotes, et participait à l'esprit belliqueux d'avant la guerre de 1914. Le bleu de l'horizon vosgien serait dû, selon certaines théories, à des composés organiques, le sabinène et l'isoprène, diffusés dans l'atmosphère par les massifs forestiers des Vosges.

« Je désire reposer dans la même tombe que mon père et ma sœur, en face de cette ligne bleue des Vosges, d'où monte jusqu'à mon cœur fidèle la plainte touchante des vaincus. »

GÉOGRAPHIE DU MONDE

Le monde est vaste ! Étude des milieux naturels, de la faune ou de la flore, de l'étendue des territoires, des peuples, des langues que ceux-ci parlent… On n'aurait pas trop de toute une vie pour tenter d'acquérir un savoir encyclopédique en la matière ! Sans compter que les données humaines ne sont pas figées et sont au contraire en constante évolution. Voici quelques questions qui vous permettront de réviser vos connaissances… ou de les mettre à jour.

Solutions des quiz page 83

1 / De ces océans, lequel a la plus grande superficie ?

a - L'océan Indien ☐
b - L'océan Atlantique ☐
c - L'océan Arctique ☐
d - L'océan Pacifique ☐

LES DATES À RETENIR

Vers -610

Carte terrestre

Cette année marquerait la naissance d'Anaximandre, philosophe et savant grec qui, selon ses disciples, aurait été à l'origine de la toute première carte du monde.

1492

Globe terrestre

Marin et explorateur allemand, Martin Behaim est le créateur du premier globe terrestre qui nous soit parvenu. Celui-ci porte le nom d'Erdapfel (« pomme terrestre »).

1995

GPS

Déploiement du GPS (*Global Positioning System*) grâce à 28 satellites placés en orbite autour de la Terre. Initialement conçu par les forces armées américaines, il permet de connaître à tout moment sa position précise, quel que soit le lieu du globe où l'on se trouve.

2 / Quelle est la plus grande île du monde ?

a - Le Groenland ☐
b - L'Australie ☐
c - La Nouvelle-Guinée ☐
d - La Grande-Bretagne ☐

3 / Quel est le plus long fleuve du monde ?

a - La Léna ☐
b - Le Nil ☐
c - L'Amazone ☐
d - Le Gange ☐

4 / Combien d'îles compte l'archipel japonais ?

a - Environ 500 ☐
b - Environ 2 000 ☐
c - Entre 3 000 et 6 500 selon les spécialistes ☐
d - Plus de 15 000 ☐

5 / Quelle est la plus étendue des îles du Japon ?

a - Honshu ☐
b - Hokkaido ☐
c - Shikoku ☐
d - Kyushu ☐

6 / Quel volcan philippin s'est réveillé en 1991 ?

a - Le Mayon ☐
b - Le Taal ☐
c - Le Pinatubo ☐
d - Le Tambora ☐

7 / Quel détroit sépare l'Asie de l'Amérique ?

a - Le détroit de Behring ☐
b - Le détroit de Malacca ☐
c - Le détroit d'Ormuz ☐
d - Le détroit de Corée ☐

8 / Quel pays n'est pas bordé par la mer de Chine ?

a - La Birmanie ☐
b - Les Philippines ☐
c - La Malaisie ☐
d - Taïwan ☐

9 / Combien de pays traverse le Mékong ?

a - 4 ☐
b - 5 ☐
c - 6 ☐
d - 8 ☐

10 / Quelle est la capitale de la Mongolie ?

a - Oulan-Bator ☐
b - Novossibirsk ☐
c - Krasnoïarsk ☐
d - Omsk ☐

11 / Si vous visitez le temple du Pavillon d'or, vous êtes :

a - En Chine ☐
b - Au Cambodge ☐
c - Au Japon ☐
d - En Australie ☐

12 / Combien d'habitants environ compte la Chine ?

- **a** - 1 milliard ☐
- **b** - 1,15 milliard ☐
- **c** - 1,3 milliard ☐
- **d** - 1,5 milliard ☐

13 / Combien l'Amérique du Sud comporte-t-elle d'États ?

- **a** - 11 ☐
- **b** - 12 ☐
- **c** - 13 ☐
- **d** - 14 ☐

14 / Quel est le plus haut sommet d'Amérique du Sud ?

- **a** - L'Ojos del Salado ☐
- **b** - Le Monte Pissis ☐
- **c** - L'Aconcagua ☐
- **d** - Le Huascarán ☐

15 / Quelle est la capitale du Costa Rica ?

- **a** - San José ☐
- **b** - Tegucigalpa ☐
- **c** - La Paz ☐
- **d** - Mexico City ☐

16 / Quelle est la capitale du Paraguay ?

- **a** - Asunción ☐
- **b** - Montevideo ☐
- **c** - Buenos Aires ☐
- **d** - Caracas ☐

17 / Quelle est la capitale du Honduras ?

- **a** - Belmopan ☐
- **b** - San José ☐
- **c** - Tegucigalpa ☐
- **d** - Managua ☐

18 / En Amérique du Sud, les *latifundia* désignent :

- **a** - Des bidonvilles ☐
- **b** - Des banlieues difficiles ☐
- **c** - De grandes propriétés foncières ☐
- **d** - Des mafias ☐

19 / Le Danube prend sa source :

- **a** - En Roumanie ☐
- **b** - En Autriche ☐
- **c** - En Suisse ☐
- **d** - En Allemagne ☐

20 / Combien de pays sont riverains avec la Suisse ?

- **a** - 3 ☐
- **b** - 4 ☐
- **c** - 5 ☐
- **d** - 6 ☐

21 / À quel pays appartient l'archipel du Spitzberg ?

- **a** - La Norvège ☐
- **b** - L'Islande ☐
- **c** - Le Danemark ☐
- **d** - La Suède ☐

22 / Lequel de ces pays n'a pas de frontière avec la Serbie ?

- **a** - La Bulgarie ☐
- **b** - La Bosnie-Herzégovine ☐
- **c** - La Moldavie ☐
- **d** - La Hongrie ☐

23 / Quelle ville russe a été appelée Stalingrad de 1925 à 1961 ?

- **a** - Saint-Pétersbourg ☐
- **b** - Pétrograd ☐
- **c** - Kiev ☐
- **d** - Volgograd ☐

UNE EXPRESSION POPULAIRE

UNE RÉPONSE LACONIQUE

Quand une réponse est expéditive, sommaire voire lapidaire, on la dit laconique, du nom de la région de Sparte au sud-est du Péloponnèse, la Laconie. Réputés pour leurs mœurs rudes et frugales, ses habitants étaient surtout peu loquaces. Philippe de Macédoine en fit personnellement l'expérience. Un jour où il demandait à être reçu dans la cité, il lui fut répondu par ce seul mot : « NON. » Philippe répliqua par retour du courrier : « Si j'entre en Laconie, je vous détruirai. » Leur retour fut encore plus incisif : « SI… » Cette expression parle tout particulièrement aux taiseux. « La parole est d'argent, le silence est d'or » …, c'est bien connu !

QUI EST

ALFRED WEGENER

C'est le chercheur allemand Alfred Wegener (1880-1930) qui émet, en 1915, l'hypothèse de continents portés par des sortes de radeaux qui dérivent car ils sont posés sur une couche plus profonde de roches visqueuses. Ces radeaux mouvants sont appelés *plaques tectoniques*. D'une épaisseur de 100 km seulement, les plaques, mues par la chaleur du magma, se déplacent de quelques centimètres tous les ans, entre 2 et 5 cm en moyenne. Ce mouvement peut écarter ou rapprocher les plaques et s'accompagne de modifications de la structure de l'écorce terrestre : les failles se produisent lorsque deux plaques s'éloignent l'une de l'autre.
La plus célèbre est celle de San Andreas, en Californie. Située au point de rupture entre la plaque américaine et la plaque de Nazca (une de celles de l'océan Pacifique), elle passe notamment par San Francisco et Los Angeles qui connaissent de fréquents et parfois violents séismes. Ceux-ci surviennent quand deux plaques se rapprochent, provoqués par la force du frottement.

LE MOT À REDÉCOUVRIR

GÉODÉSIE

Science des dimensions et de la forme de la Terre, elle met au point un système de références indispensable à la réalisation de cartes.

DES CONTINENTS BIEN NOMMÉS

L'EUROPE

Son nom nous vient du grec *europos*, qui signifie « aux larges yeux » ou « au large visage ». Une fois l'unanimité faite sur son nom, tout devient plus compliqué. Ses frontières géographiques tout d'abord : doit-on ou non la faire finir à l'est, au mont Oural, considérer que le détroit du Bosphore l'isole de l'Asie ou intégrer la Turquie à l'ensemble européen ? La limite sud est plus nette, avec la Méditerranée et le détroit de Gibraltar qui la séparent de l'Afrique. L'Islande, éloignée du continent par quelques centaines de kilomètres de mer, ou Chypre, située en pleine Méditerranée, sont pourtant bien européennes.
Politiquement, ensuite, car l'immense Russie est en grande partie asiatique. Il semble toutefois possible, dans ce vaste ensemble de plus de 10 millions de km^2, d'envisager de privilégier la masse du continent accolée à l'Asie, et de parler de *continent eurasiatique*.

L'ASIE

Son nom vient d'une racine sémitique, *esch*, qui désigne le lieu où se lève le Soleil. Pour les Grecs, elle est l'épouse du Titan Prométhée. Géographiquement, l'Asie forme une continuité territoriale avec l'Europe, la frontière du mont Oural étant purement conventionnelle. Elle est, en revanche, plus nettement séparée de l'Amérique par le détroit de Behring.
C'est le plus vaste des continents, avec plus de 44 millions de km^2. Cette immensité explique qu'il est préférable de parler des Asies. Il y a : l'Asie Mineure, partie orientale de la Turquie ; le Moyen-Orient, qui s'étend entre la Méditerranée orientale et l'Iran, le Pakistan, l'Afghanistan ; le Proche-Orient, composé d'Israël, du Liban et de la Syrie ; l'Asie centrale, depuis la mer Caspienne jusqu'au désert du Taklamakan, au nord-ouest de la Chine ; l'Asie du Sud, composée pour l'essentiel de l'Inde et des pays frontaliers de l'Ouest (Pakistan) du Nord (Népal) et de l'Est (Bhoutan, Bangladesh) ; enfin l'Asie du Sud-Est, depuis la péninsule indochinoise jusqu'aux îles qui s'étendent entre l'Asie et l'Océanie.

24 / Sur combien de fuseaux horaires s'étend le territoire de la Fédération de Russie ?

a - 4 ☐
b - 6 ☐
c - 11 ☐
d - 16 ☐

25 / Quel pays de l'Union européenne est le plus peuplé ?

a - La France ☐
b - L'Allemagne ☐
c - L'Italie ☐
d - Le Royaume-Uni ☐

26 / Quelle ville européenne a été en grande partie détruite par un tremblement de terre en 1755 ?

a - Séville ☐
b - Madrid ☐
c - Lisbonne ☐
d - Barcelone ☐

27 / Dans quel pays se trouve le Kilimandjaro ?

a - Au Kenya ☐
b - Au Burundi ☐
c - En Tanzanie ☐
d - Au Mozambique ☐

28 / Quelle est la langue officielle de l'Angola ?

a - L'espagnol ☐
b - L'angolais ☐
c - L'anglais ☐
d - Le portugais ☐

29 / Quelle est la capitale administrative de l'Afrique du Sud ?

a - Johannesburg ☐
b - Le Cap ☐
c - Pretoria ☐
d - Maseru ☐

30 / Quelles sont les deux langues officielles du Cameroun ?

a - Le français et l'anglais ☐
b - L'espagnol et le portugais ☐
c - Le camerounais et le français ☐
d - L'allemand et l'anglais ☐

31 / Quel est l'ancien nom de Kinshasa ?

a - Niamey ☐
b - Fort-Lamy ☐
c - Léopoldville ☐
d - Brazzaville ☐

32 / Quel est le plus petit État d'Afrique ?

a - Sao Tomé et Principe ☐
b - Les Seychelles ☐
c - Les Comores ☐
d - L'île Maurice ☐

33 / Quel est le premier État des États-Unis par sa superficie ?

a - Le Delaware ☐
b - L'Alaska ☐
c - Le Texas ☐
d - Le Nouveau-Mexique ☐

34 / Classez d'ouest en est les États suivants des États-Unis :

1 - 1. La Californie
2 - La Floride
3 - Le Texas
4 - L'Arizona

a - 4, 1, 3, 2 ☐
b - 2, 1, 4, 3 ☐
c - 1, 4, 3, 2 ☐
d - 2, 3, 4, 1 ☐

35 / Parmi ces États américains, lequel a la plus forte population d'origine hispanique ?

a - La Californie ☐
b - Le Nouveau-Mexique ☐
c - Washington ☐
d - La Floride ☐

36 / Quel est le plus grand lac d'Amérique du Nord ?

a - Salton Sea ☐
b - Le lac Supérieur ☐
c - Le Grand Lac Salé ☐
d - Le lac Mead ☐

37 / Quel est le plus long fleuve des États-Unis ?

a - La Columbia ☐
b - Le Rio Grande ☐
c - L'Arkansas ☐
d - Le Missisipi ☐

38 / Quel pays est le premier producteur mondial de pétrole ?

a - La Russie ☐
b - L'Arabie Saoudite ☐
c - L'Irak ☐
d - Les États-Unis ☐

39 / Dans quelle ville siège l'Agence internationale de l'énergique atomique (AIEA) ?

a - À Hiroshima ☐
b - À Berlin ☐
c - À Vienne ☐
d - À Washington ☐

40 / Quand a eu lieu la marée noire de l'*Exxon Valdez*, en Alaska ?

a - En 1979 ☐
b - En 1989 ☐
c - En 1999 ☐
d - En 2000 ☐

41 / Quand a eu lieu la catastrophe chimique de Bhopal, en Inde ?

a - En 1952 ☐
b - En 1976 ☐
c - En 1984 ☐
d - En 1988 ☐

42 / En 2010, où a eu lieu la marée noire causée par la plate-forme *Deepwater Horizon* ?

a - Dans la Manche ☐
b - Au large de la Galice ☐
c - Dans le golfe du Mexique ☐
d - Dans le golfe de Guinée ☐

43 / Combien d'espèces animales ou végétales disparaissent-elles chaque année, environ ?

a - 200 ☐
b - 10 000 ☐
c - 18 000 ☐
d - 26 000 ☐

44 / Quand a eu lieu la conférence de Rio, consacrant le principe du développement durable ?

a - En 1972 ☐
b - En 1982 ☐
c - En 1992 ☐
d - En 2002 ☐

45 / Quand a été conclu le Protocole de Kyoto ?

a - En 1985 ☐
b - En 1992 ☐
c - En 1997 ☐
d - En 2010 ☐

46 / Parmi les 6 000 langues du monde, nombreuses sont celles qui sont en voie de disparition. Selon l'Unesco combien risquent de disparaître au cours du siècle ?

a - 15 % ☐
b - 45 % ☐
c - 75 % ☐
d - 90 % ☐

47 / En quelle année a été adopté l'Accord de Paris visant à limiter le réchauffement climatique ?

a - En 2014 ☐
b - En 2015 ☐
c - En 2016 ☐
d - En 2017 ☐

DES CONTINENTS BIEN NOMMÉS

L'AFRIQUE

Son nom provient de celui d'une tribu berbère, les *Afrii*, ainsi nommés par les Romains. Ils étaient installés dans la région de Carthage, dans l'actuelle Tunisie. Pour les Romains, l'Afrique désigne une province de l'Empire, comprenant la Tunisie et l'est de l'Algérie. Il faut attendre le XVe siècle pour que le terme désigne tout le continent.
La superficie de l'Afrique, un peu plus de 30 millions de km², représente 20 % de celle des terres émergées. Elle se présente comme un bloc homogène de 7 000 km environ du nord au sud et d'un peu moins d'est en ouest. L'Afrique peut être géographiquement scindée en cinq zones : l'Afrique du Nord, avec le Maghreb (Maroc, Algérie, Tunisie) et le Machrek (Libye, Égypte) ; l'immense désert du Sahara (8 millions de km²) ; la Corne de l'Afrique, avec l'Éthiopie et les territoires frontaliers ; la zone soudano-sahélienne, au sud du Sahara ; l'Afrique centrale et du Sud, à laquelle on peut adjoindre l'île de Madagascar, en dépit de l'absence de continuité territoriale.

L'AMÉRIQUE

Ce continent doit son nom à Amerigo Vespucci (1454-1512), le navigateur florentin à qui le géographe Martin Waldseemüller en attribua la découverte. Dans sa *Cosmographie* (1507), celui-ci propose en effet de dénommer Amérique la « quatrième partie du monde ». D'une superficie totale de 41,9 millions de km², elle se divise en trois grandes zones géographiques (Amérique du Nord, Amérique du Sud, Amérique centrale) respectivement d'une superficie de 21,3 millions de km², 17,7 millions de km² et 2,9 millions de km².

L'OCÉANIE

L'Océanie, le plus petit des continents, doit son nom au géographe français d'origine danoise Conrad Malte-Brun (1775-1826), qui baptisa *Océanie*, ou continent-océan, cet espace peu pourvu en terre. Les deux principaux pays en sont l'Australie (avec un territoire de 7,7 millions de km²) et la Nouvelle-Zélande (avec 269 000 km²), suivis de la Papouasie-Nouvelle-Guinée (avec 463 000 km²).

ART & LITTÉRATURE

Si, au cours de sa scolarité, on peut acquérir un solide socle de connaissances sur la littérature, les arts restent aujourd'hui encore le parent pauvre de l'enseignement. Il faut donc se forger soi-même sa culture artistique par une curiosité de tous les instants. Voyages, visites de musées, déambulations dans les églises et monuments historiques ou lectures d'œuvres choisies permettront de découvrir les beaux-arts sous toutes leurs formes, depuis la peinture médiévale jusqu'aux bandes dessinées les plus récentes !

Solutions des quiz page 84

LA PEINTURE À L'HUILE

Le peintre flamand Jan Van Eyck (1390-1441) serait l'inventeur de la *peinture à l'huile*. Dans cette technique, les couleurs sont mélangées à de l'huile végétale, (de lin, de colza ou de noix) et à de l'essence de térébenthine.

Son support habituel est la toile de lin, mais aussi le bois ou l'aggloméré. Les tableaux des impressionnistes ont été peints avec des huiles trop grasses, ce qui pose de nos jours des problèmes de conservation.

LE MOT À REDÉCOUVRIR

LAVIS

Dilution d'encre ou d'aquarelle étalée avec un pinceau et appliquée en couches transparentes.

GIOTTO

Giotto (1266-1337) est le père de la peinture moderne. Il réhabilite la règle d'isocéphalie, selon laquelle les têtes de tous les personnages figurés doivent être au même niveau.

Le fond or traditionnel de la peinture byzantine est remplacé par un ciel bleu. Élève de Cimabue, Giotto sait donner à ses fresques une émotion dramatique (*Vie de saint François* à Assise et église Santa Croce à Florence, *Scènes de la vie du Christ*, pour l'église de l'Arena de Padoue – chapelle des Scrovegni).

1 / Pour un peintre, quelles couleurs sont appelées « primaires » ou « fondamentales » ?

a - Le rouge, le bleu et le jaune ☐
b - Le rouge, le jaune et le vert ☐
c - Le vert, le jaune et le bleu ☐
d - Le noir, le blanc et le rouge ☐

2 / Une fresque est :

a - Un petit tableau ☐
b - Une peinture récente ☐
c - Une peinture murale exigeant une technique particulière ☐
d - Une peinture italienne du Quattrocento ☐

3 / Qu'est-ce qu'une vanité ?

a - Une peinture destinée à évoquer la futilité de la vie terrestre et la condition mortelle de l'homme ☐
b - Une œuvre de commande, représentant le commanditaire sous des traits flatteurs, non conformes à la réalité ☐
c - Une œuvre mettant en scène l'homme luttant vainement contre la volonté divine ☐
d - Une représentation particulière de la Crucifixion ☐

4 / La cathédrale Saint-Bavon, à Gand, abrite une célèbre peinture. Laquelle ?

a - *L'Adoration de l'agneau mystique* ☐
b - *Les Sept Péchés capitaux* ☐
c - *La Chute d'Icare* ☐
d - *La Vierge aux rochers* ☐

5 / Où se trouve le musée de l'Ermitage ?

a - À Vienne ☐
b - À Saint-Pétersbourg ☐
c - À Moscou ☐
d - À Budapest ☐

6 / À quelle date le musée du Louvre a-t-il officiellement ouvert ses portes ?

a - Le 26 mai 1650 ☐
b - Le 10 août 1793 ☐
c - Le 3 octobre 1801 ☐
d - Le 15 janvier 1872 ☐

7 / Dans quelle ville trouve-t-on l'Ancienne et la Nouvelle Pinacothèque allemande ?

a - Dresde ☐
b - Munich ☐
c - Berlin ☐
d - Francfort ☐

8 / Quelles sont les dimensions actuelles de la tapisserie de Bayeux, qui représente l'histoire de la conquête de l'Angleterre

par les Normands au XIe siècle, et qui a été réalisée en huit morceaux ?

- **a -** 128,6 m de long sur 1,8 m de large ☐
- **b -** 204,35 m de long sur 4 m de large ☐
- **c -** 235,42 m de long sur 1,25 m de large ☐
- **d -** 364,38 m de long sur 0,5 m de large ☐

9 / Le tableau de Sandro Botticelli, *La Naissance de Vénus*, glorifie l'apparition de la beauté sur terre. Il montre une « Vénus anadyomène », c'est-à-dire une Vénus…

- **a -** À la beauté parfaite ☐
- **b -** Aux longs cheveux ☐
- **c -** Sortant de l'eau ☐
- **d -** Aux formes irrésistibles ☐

10 / Michel-Ange a notamment réalisé les fresques du plafond de la chapelle Sixtine. Son nom complet était :

- **a -** Michelangelo Amerighi ☐
- **b -** Michelangelo Buonarroti ☐
- **c -** Michelangelo Pistolleto ☐
- **d -** Michelangelo Raphaelo ☐

11 / Qui a peint *La Belle Jardinière* ?

- **a -** Michel-Ange ☐
- **b -** Léonard de Vinci ☐
- **c -** Raphaël ☐
- **d -** Le Caravage ☐

12 / Au XVIe siècle, quel peintre a réalisé des tableaux représentant des fruits, des légumes ou des fleurs dont la combinaison forme un visage ?

- **a -** Arezzo ☐
- **b -** Averigo ☐
- **c -** Arcimboldo ☐
- **d -** Antechristo ☐

13 / De quelle région d'Italie sont originaires Titien et Véronèse ?

- **a -** L'Ombrie ☐
- **b -** Les Pouilles ☐
- **c -** La Toscane ☐
- **d -** La Vénétie ☐

14 / À quel peintre doit-on *Les Noces de Cana*, tableau exposé au Louvre ?

- **a -** Le Caravage ☐
- **b -** Murillo ☐
- **c -** Léonard de Vinci ☐
- **d -** Véronèse ☐

15 / Quel était le prénom du peintre de Delft, Vermeer ?

- **a -** Frédéric ☐
- **b -** Johannes ☐
- **c -** Hermann ☐
- **d -** Dimitri ☐

16 / À quel peintre du XVIIe doit-on *La Ronde de nuit* ?

- **a -** Rembrandt ☐
- **b -** Poussin ☐
- **c -** Vermeer ☐
- **d -** Rubens ☐

17 / Qui a peint *Le Radeau de la Méduse* ?

- **a -** Delacroix ☐
- **b -** Matisse ☐
- **c -** Géricault ☐
- **d -** Gros ☐

LE MET

Créé en 1870 par un groupe d'artistes et de mécènes soucieux de rivaliser avec les musées européens, le MET (Metropolitan Museum of Art) est, après le Louvre et l'Ermitage, le plus vaste musée du monde. Divisé en 19 départements, le musée s'efforce de couvrir l'ensemble de la création artistique universelle, rien de moins ! On y trouve ainsi les arts africain, océanien et précolombien, des antiquités du monde entier, une section d'armes et d'armures, une collection d'instruments de musique.

LES DATES À RETENIR

1642

Rembrandt

L'artiste néerlandais peint sa célèbre *Ronde de nuit*, aujourd'hui exposée au Rijksmuseum d'Amsterdam.

1717

Antoine Watteau

Watteau peint son fameux tableau *Embarquement pour Cythère*, visible au Louvre, qui célèbre la fête galante.

1831

Katsushika Hokusai

Le Japonais Hokusai dessine les *Trente-six vues du mont Fuji*, série d'estampes en couleurs qui lui vaut une reconnaissance internationale.

1907

Pablo Picasso

Picasso peint *Les Demoiselles d'Avignon*, considéré comme le premier tableau cubiste. On peut aujourd'hui le voir au MET.

UNE BELLE EXPRESSION

UN VIOLON D'INGRES

Né en 1780, élève de David, Jean Auguste Dominique Ingres est un célèbre peintre de l'école néoclassique. Il est notamment l'auteur de la fameuse *Grande Odalisque*, quintes-sence de son art. Mais Ingres avait plusieurs cordes à son arc ou, faudrait-il dire, à son violon. En effet, il maniait cet instrument avec brio, et fut même un temps deuxième violon de l'orchestre du Capitole de Toulouse. Cette passion cultivée parallèlement à son activité de peintre a donné naissance à notre expression, qui qualifie un hobby que l'on pratique avec bonheur et talent.

LES GRANDS MOUVEMENTS

L'EXPRESSIONNISME

Il naît en Allemagne en même temps que le fauvisme français. Les expressionnistes, qui exposent pour la première fois, en 1907, subissent les influences des fauves, de Gauguin et de Van Gogh, mais aussi celles des masques d'« art nègre ». Deux courants expressionnistes se forment : le premier à Dresde en 1905, où des peintres comme Ernst Kirchner (1880-1938) et Erich Heckel (1883-1970) fondent le groupe Die Brücke (« le pont »). Très proche d'Edvard Munch (1863-1944), ils développent des thèmes pathétiques et angoissants ; un deuxième groupe, à Munich, Der Blaue Reiter (« le Cavalier Bleu »), se forme autour du peintre Wassily Kandinsky (1866-1944), auteur du *Paysage à la tour* (1908).

LE NOUVEAU RÉALISME

Le *nouveau réalisme* marque en France une volonté de réaction contre une sclérose de l'art abstrait, pour réhabiliter les éléments de la vie urbaine et de la vie quotidienne. Il n'est donc pas question d'interpréter la réalité mais de montrer une réalité brute. Le manifeste du nouveau réalisme est signé le 27 octobre 1960 dans l'atelier d'Yves Klein (1928-1962), auteur du *Monochrome vert*. Principaux animateurs : Arman (1928-2005), Jean Tinguely (1925-1991), Daniel Spoerri (né en 1930), puis, un peu plus tard, César (1921-1998), Christo (nom d'artiste de Christo Javacheff et de Jeanne-Claude Denat de Guillebon, tous deux nés en 1935), Niki de Saint-Phalle (1930-2002).

L'ŒUVRE INCONTOURNABLE

LES CAPRICES DE GOYA

Réalisée entre 1793 et 1798, la série des *Caprices* développe une féroce satire humaine et sociale, à travers laquelle Goya entend dénoncer les travers et les vices communs à tous les hommes. Véritables miroirs des profondeurs de l'inconscient, de nombreuses planches laissent entrevoir les abîmes de l'âme dépassant de loin les conventions habituelles de la satire sociale. La vie, la mort, l'amour, la sexualité, la cupidité, la vanité, la sottise et la cruauté prennent dans *Les Caprices* une dimension de violence extrême.

18 / Quel élément supplémentaire possède *La Grande Odalisque* d'Ingres ?

a - Un doigt ☐
b - Un œil ☐
c - Un orteil ☐
d - Des vertèbres ☐

19 / Qui a peint *Le Déjeuner sur l'herbe* ?

a - Claude Monet ☐
b - Édouard Manet ☐
c - Pablo Picasso ☐
d - Henri de Toulouse-Lautrec ☐

20 / Quel métier Paul Gauguin exerça-t-il avant de se consacrer à la peinture ?

a - Agent de change ☐
b - Employé au ministère de l'Instruction publique ☐
c - Bibliothécaire ☐
d - Colporteur ☐

21 / À quel peintre doit-on les fameux *Joueurs de cartes* ?

a - Henri Matisse ☐
b - Pablo Picasso ☐
c - Paul Cézanne ☐
d - Alfred Sisley ☐

22 / Quel est le nom de l'immeuble de Montmartre habité entre autres par Picasso ?

a - Le Bateau-Libre ☐
b - Le Bateau-Lavoir ☐
c - Le Bateau-Ivre ☐
d - Le Bateau-Fantôme ☐

23 / Quel est le peintre dont les œuvres sont exposées au musée de Bourges ?

a - Paul Rebeyrolle ☐
b - Raoul Ubac ☐
c - Fernand Léger ☐
d - Maurice Estève ☐

24 / Son tableau le plus caractéristique, intitulé *Carré blanc sur fond blanc*, aujourd'hui conservé au Museum of Modern Art de New York, date de 1918. Qui est-il ?

a - Yves Klein ☐
b - Michel Larionov ☐
c - Kazimir Malevitch ☐
d - Serge Poliakoff ☐

25 / À quel mouvement pictural Andy Warhol peut-il être rattaché ?

a - Le surréalisme ☐
b - Le pop art ☐
c - Le nouvel expressionnisme ☐
d - L'hyperréalisme ☐

26 / Quel peintre travailla pour les studios Disney ?

a - Pablo Picasso ☐
b - Edward Hopper ☐
c - Henri Matisse ☐
d - Salvador Dalí ☐

27 / Quel peintre contemporain a utilisé presque exclusivement la couleur noire ?

a - Bernard Collet ☐
b - Pierre Soulages ☐
c - Yves Klein ☐
d - Gino Fossali ☐

28 / Dans l'album *Tintin au Tibet*, comment se prénomme le jeune ami chinois de Tintin ?

a - Yong ☐
b - Tchin ☐
c - Tchang ☐
d - Tong ☐

29 / Qui a dit : « Je n'ai qu'un seul rival, c'est Tintin ? »

a - Winston Churchill ☐
b - Charles de Gaulle ☐
c - Richard Nixon ☐
d - François Mitterrand ☐

30 / Dans la BD créée par Greg et Hermann, sur quel navire Bernard Prince navigue-t-il ?

a - *Le Cormoran* ☐
b - *La Calypso* ☐
c - *Le Samidare* ☐
d - *L'Albatros* ☐

31 / Dans la BD créée par le dessinateur belge Morris, quel est le nom du cheval de Lucky Luke ?

a - Petit Tonnerre ☐
b - Jolly Jumper ☐
c - Tornado ☐
d - Rantanplan ☐

32 / Dans la BD *Boule et Bill*, quelle est la race du chien Bill ?

a - Un labrador ☐
b - Un cocker ☐
c - Un caniche ☐
d - Un épagneul français ☐

33 / Quel dessinateur a créé le personnage d'Achille Talon en 1963 ?

a - Goscinny ☐
b - Morris ☐
c - Franquin ☐
d - Greg ☐

34 / En quelle année le chat orange Garfield créé par Jim Davis fait-il sa première apparition ?

a - En 1968 ☐
b - En 1970 ☐
c - En 1975 ☐
d - En 1978 ☐

35 / Quel album des aventures d'Astérix est sorti en octobre 2015 ?

a - *Astérix chez les Pictes* ☐
b - *Astérix chez les Hibernes* ☐
c - *Astérix chez les Scythes* ☐
d - *Astérix chez les Écossais* ☐

36 / Quel dessinateur de BD est le père de la bande dessinée *Manu* ?

a - Robert Crumb ☐
b - Jean-Jacques Sempé ☐
c - Frank Margerin ☐
d - Cabu ☐

37 / Quels personnages de BD très « Français moyens » se prénomment Robert et Raymonde ?

a - Les Galochon ☐
b - Les Roblochon ☐
c - Les Bidochon ☐
d - Les Patachon ☐

38 / À quel dessinateur doit-on *Le Grand Duduche* et *Mon beauf* ?

a - Moebius ☐
b - Greg ☐
c - Cabu ☐
d - Morris ☐

39 / Quel dessinateur a créé le personnag d'Adèle Blanc-Sec ?

a - Peyo ☐
b - Franquin ☐
c - Jacques Tardi ☐
d - Casterman ☐

40 / Dans quelle œuvre le dessinateur Art Spiegelman traite-t-il des persécutions subies par les juifs dans les années 1930 et 1940, en les transposant dans un univers animalier ?

a - *Hunting* ☐
b - *Maus* ☐
c - *Rats and Cats* ☐
d - *The Wild Party* ☐

41 / Qui est le dessinateur de la série *Les cités obscures* ?

a - François Bourgeon ☐
b - François Schuiten ☐
c - Benoît Peeters ☐
d - Pierre Christin ☐

L'ŒUVRE INCONTOURNABLE

LES AVENTURES DE TINTIN

La série commence en 1929 avec *Tintin au pays des Soviets*. Elle s'achève vingt-quatre albums plus tard, en 1983, avec la mort de son créateur, le Belge Hergé (de son vrai nom Georges Rémi, 1907-1983), qui avait décidé qu'aucun autre dessinateur ne poursuivrait son œuvre.
Les aventures de Tintin, caractérisées sur le plan stylistique par un certain classicisme – Hergé est l'inventeur de la « ligne claire » - rayonnent bien au-delà de la seule bande dessinée. Elles ont été traduites en 58 langues et adaptées à de multiples reprises au cinéma, au théâtre et à la télévision.

LA DATE À RETENIR

1961

Astérix et Obélix

Sortie du premier album d'Astérix, intitulé *Astérix le Gaulois*, initialement publié en feuilleton dans le magazine *Pilote* du 29 octobre 1959 au 14 juillet 1960.

UNE EXPRESSION MYTHIQUE

TONNERRE DE BREST

Le juron préféré du capitaine Haddock, compagnon de Tintin, a une origine historique. Si l'histoire de Brest remonte à l'Antiquité, ce fut sous l'impulsion de Louis XIV que la ville acquit une dimension stratégique. L'ancien château des ducs de Bretagne fut fortifié par l'intendant Pierre Chertemps de Seuil, puis par Vauban, pour veiller sur le tout nouvel arsenal. Tous les matins, le canon tonnait pour annoncer l'ouverture du port militaire, et grondait à nouveau le soir lorsqu'il fermait ses portes. Ce bruit de tonnerre aurait inspiré des générations de marins jusqu'au capitaine Haddock, pour former ce truculent juron !

LITTÉRATURE

La littérature, c'est l'aventure ultime : celle des mondes imaginaires, des sentiments vécus ou rêvés, des humeurs et de la vie intime. Si la pratique littéraire apparaît dès l'Antiquité et se poursuit au Moyen Âge, il faut attendre la Renaissance pour voir apparaître des courants littéraires véritables, avec la constitution du groupe de la Pléiade. Rivaux ou alliés, ils se multiplient et font de la littérature un enjeu primordial de débat au sein des sociétés.

Solutions des quiz page 84

1 / A quel genre littéraire appartiennent l'*Illiade* et l'*Odyssée* ?

a - La fresque ☐
b - L'épopée ☐
c - La fable ☐
d - Le roman ☐

2 / Lequel de ces dramaturges grecs n'est pas connu pour ses tragédies ?

a - Sophocle ☐
b - Aristophane ☐
c - Eschyle ☐
d - Euripide ☐

3 / L'*Orestie*, trilogie dramatique d'Eschyle, relate la malédiction des Atrides. Lequel de ces personnages mythiques n'appartient pas à cette triste famille ?

a - Agamemnon ☐
b - Oreste ☐
c - Iphigénie ☐
d - Œdipe ☐

4 / Parmi ces tragédies de Sophocle, laquelle n'évoque pas le destin d'un membre de la famille des Labdacides ?

a - *Œdipe roi* ☐
b - *Œdipe à Colone* ☐
c - *Électre* ☐
d - *Antigone* ☐

5 / Que rapporte l'*Enéide* de Virgile ?

a - Le voyage d'Énée, de sa fuite de Troie jusqu'à son installation en Italie ☐
b - Le voyage d'Énée depuis l'Italie jusqu'à Troie ☐
c - La fondation de Rome par Énée ☐
d - La vie d'Énée, de sa naissance à sa mort ☐

6 / Quel poète latin a écrit des *Métamorphoses* qui apprennent beaucoup sur la mythologie ?

a - Ovide ☐
b - Virgile ☐
c - Cicéron ☐
d - Lucrèce ☐

7 / Quel poète de l'Antiquité sert de guide à Dante lors du voyage dans l'au-delà qu'il relate dans *La Divine Comédie* ?

a - Homère ☐
b - Virgile ☐
c - Suétone ☐
d - Plaute ☐

8 / Lequel de ces contes n'est pas issu des *Mille et une nuits* ?

a - « Ali Baba et les Quarante Voleurs » ☐
b - « Sinbad le marin » ☐
c - « Aladin ou la Lampe merveilleuse » ☐
d - « Les Exploits de Nasreddin Hodja » ☐

LE MOT À REDÉCOUVRIR

ODYSSÉE

Récit de voyage plein d'aventures et de rebondissements, il vient du grec Odusseia… qui est le nom original d'Ulysse.

L'EXPRESSION À CONNAÎTRE

TOMBER DE CHARYBDE EN SCYLLA

Charybde, fille de Poséidon et de Gaïa, s'était attiré les foudres d'Héraclès pour lui avoir volé quelques bœufs. La nymphe fut transformée en gouffre ou tourbillon marin; quant à Scylla, fille de Phorcys, elle fut métamorphosée en monstre par la magicienne Circé, lors d'un accès de jalousie. Ces deux pièges mortels se faisaient face, dans le détroit de Messine au large de la côte de Sicile, rendant la navigation dans les parages très périlleuse.

Ulysse et ses compagnons en firent l'amère expérience sur le chemin du retour de la guerre de Troie. Sur ses gardes, Ulysse fit le choix d'éviter Charybde, préférant sacrifier six de ses compagnons plutôt que de risquer de perdre tout son équipage.

Échapper à un premier péril vous expose souvent à devoir en affronter un autre, plus redoutable encore. De mal en pis, en somme.

D'OÙ VIENT CETTE CITATION ?

SCIENCE SANS CONSCIENCE N'EST QUE RUINE DE L'ÂME.

L'œuvre de Rabelais est dominée par des géants : Grandgousier, Gargantua et Pantagruel symbolisent le formidable appétit de connaissances du courant humaniste dont Rabelais est un des représentants les plus actifs. Rabelais propose un mode d'éducation et de rapports au monde fondé sur le plaisir d'apprendre, l'humour et la sagesse. Ainsi, dans le chapitre VIII de *Pantagruel* (1532), le personnage éponyme écrit une longue lettre à son fils Gargantua, véritable programme d'éducation conforme aux ambitions humanistes. Il rappelle à son fils que « selon le sage Salomon, sapience n'entre point en âme malivole, et science sans conscience n'est que ruine de l'âme. »

9 / Qui sont Gargantua et Pantagruel dans les œuvres du même nom de Rabelais ?

- **a -** Des lutins ☐
- **b -** Des géants ☐
- **c -** Des Titans ☐
- **d -** Des hommes ☐

10 / Pétrarque, écrivain humaniste et poète du XIVe siècle, évoque très souvent sa bien-aimée dans ses œuvres. Comment s'appelait-elle ?

- **a -** Marie ☐
- **b -** Cassandre ☐
- **c -** Laure ☐
- **d -** Hélène ☐

11 / Lequel de ces poèmes est l'œuvre, non pas de Pierre de Ronsard, mais de Joachim Du Bellay ?

- **a -** « Mignonne, allons voir si la rose... » ☐
- **b -** « Quand vous serez bien vieille, au soir, à la chandelle... » ☐
- **c -** « France, mère des arts, des larmes et des lois... » ☐
- **d -** « Je vous envoie un bouquet... » ☐

12 / De quelle fable de Jean de La Fontaine « La raison du plus fort est toujours la meilleure » est-elle la terrible morale ?

- **a -** « Le Loup et le Chien » ☐
- **b -** « Le Loup et le Renard » ☐
- **c -** « Le Loup et l'Agneau » ☐
- **d -** « Le Loup et la Cigogne » ☐

13 / Dans la dédicace à monseigneur le Dauphin – le fils de Louis XIV – qui ouvre ses Fables, Jean de La Fontaine fait référence à un autre auteur de fables, qui l'a souvent inspiré. De qui s'agit-il ?

- **a -** Ésope ☐
- **b -** Phèdre ☐
- **c -** Horace ☐
- **d -** Guéroult ☐

14 / Lequel de ces contes n'a pas été écrit par Charles Perrault ?

- **a -** « La Petite Sirène » ☐
- **b -** « Le Petit Chaperon rouge » ☐
- **c -** « La Belle au bois dormant » ☐
- **d -** « Cendrillon » ☐

15 / Quelle tragédie écrite par Jean Racine illustre sa rivalité avec Pierre Corneille, qui a écrit une pièce sur le même sujet ?

- **a -** *Britannicus* ☐
- **b -** *Bajazet* ☐
- **c -** *Bérénice* ☐
- **d -** *Phèdre* ☐

16 / Laquelle de ces comédies n'a pas été écrite par Jean-Baptiste Poquelin, plus connu sous le nom de Molière ?

- **a -** *Les Précieuses ridicules* ☐
- **b -** *Les Femmes savantes* ☐
- **c -** *L'École des femmes* ☐
- **d -** *La Fausse Suivante* ☐

LES DATES À RETENIR

868

Le premier livre imprimé connu est diffusé en Chine

Il s'agit d'un ouvrage sacré bouddhique, *Le Sutra du diamant*, imprimé grâce à des blocs de bois gravés. Il n'en subsiste aujourd'hui qu'un rouleau de 5 m de long.

1513

Machiavel rédige *Le Prince*

En décrivant le prince idéal, gouvernant selon la raison d'État et soucieux du bien public, Machiavel pouvait-il imaginer que l'adjectif forgé à partir de son nom signifierait « rusé, perfide, tortueux » ?

1605

Don Quichotte

Publication du premier volume du *Don Quichotte* de Cervantès, qui consacre l'apparition du roman moderne.

L'ŒUVRE INCONTOURNABLE

GILGAMESH

Gilgamesh est un roi mythique du royaume de Mésopotamie qui aurait régné vers -2700. Son épopée écrite est un amalgame de diverses légendes orales. La version la plus achevée est celle retrouvée à Ninive, dans la bibliothèque du roi Assourbanipal (roi de 669 à 631 av. J.-C.). Cette œuvre est universelle : elle fournit le premier récit du Déluge, qui sera repris dans la Bible, et elle met en scène la peur de tout homme devant sa propre mort. Les épisodes les plus marquants sont le combat de Gilgamesh contre le Taureau céleste ; son désespoir et ses larmes versées à la mort de son frère d'armes Enkidou ; sa rencontre avec Uta-Napishtim, le Noé sumérien, auquel les dieux ont accordé l'immortalité ; sa recherche de la plante d'immortalité au fond de la mer, dévorée par un serpent dans un moment d'inattention.

LE MOT
À REDÉCOUVRIR

BOVARYSME

(du nom de l'héroïne de Flaubert) Comportement d'une femme que l'insatisfaction affective et sociale entraîne à des rêveries vaines et démesurées.

NAISSANCE DES SALONS LITTÉRAIRES

À partir de 1715, le rôle de la cour dans le mouvement intellectuel, littéraire et artistique s'affaiblit et laisse petit à petit place à celui des salons. Écrivains, artistes, financiers, gens du monde s'y côtoient, discutent les productions de toutes sortes et critiquent celles de la littérature. Avant 1750, les salons les plus célèbres sont ceux de la duchesse du Maine à Sceaux, de la duchesse de Lambert, de Mme de Tencin, où furent reçus Montesquieu, Marivaux et Helvétius.

Après 1750, Mme du Deffand et Mme Geoffrin reçoivent les encyclopédistes avec nombre de grands seigneurs. Le salon de Mlle de Lespinasse reçoit d'Alembert, Diderot ou Bernardin de Saint-Pierre.

L'EXPRESSION À CONNAÎTRE

FAIRE DU BRUIT DANS LE LANDERNEAU

« Oh le bon tour ! Je ne dirai rien, mais cela fera du bruit dans Landerneau ! » Cette banale réplique de théâtre connut un succès retentissant, arrachant Landerneau de l'anonymat finistérien dans lequel la petite ville croupissait. La pièce du Rennais Alexandre Duval, intitulée *Les Héritiers*, fut jouée pour la première fois en 1796. Elle raconte l'histoire d'un officier de marine donné pour mort qui ressurgit brusquement dans sa petite ville de Landerneau, surprenant ses proches occupés à se disputer son héritage. Le succès fut au rendez-vous et la notoriété de la modeste cité bretonne devint nationale. À tel point que Landerneau est devenu un nom commun !

17 / De qui la princesse de Clèves tombe-t-elle éperdument amoureuse lors d'un bal ?

a - Le roi Henri II ☐
b - Le prince de Chartres ☐
c - Le duc de Nemours ☐
d - Le duc de Guise ☐

18 / À qui Juliette est-elle promise par son père dans la pièce de William Shakespeare ?

a - À Roméo ☐
b - À son cousin Tybalt ☐
c - Au comte Pâris ☐
d - À personne, son père refuse de la marier si jeune ☐

19 / Comment Silvia, héroïne du *Jeu de l'amour et du hasard* de Marivaux entend-elle mettre à l'épreuve son fiancé Dorante qu'elle s'apprête à rencontrer ?

a - Elle se fait passer pour sourde. ☐
b - Elle refuse de le rencontrer. ☐
c - Elle se fait passer pour sa suivante. ☐
d - Elle lui envoie un horrible portrait d'elle. ☐

20 / Comment se prénomment les deux Persans en visite à Paris, les héros des *Lettres persanes* de Montesquieu ?

a - Usbek et Rica ☐
b - Abel et Caïn ☐
c - Ali et Mustapha ☐
d - Nessir et Rustan ☐

21 / Lequel de ces contes philosophiques n'a pas été écrit par Voltaire ?

a - *Candide ou l'Optimisme* ☐
b - *Zadig ou la Destinée* ☐
c - *L'Ingénu* ☐
d - *Supplément au voyage de Bougainville* ☐

22 / Laquelle de ces pièces de Beaumarchais n'appartient pas à la trilogie de Figaro ?

a - *Le Barbier de Séville* ☐
b - *Le Mariage de Figaro* ☐
c - *La Mère coupable* ☐
d - *Les Deux Amis* ☐

23 / De qui le docteur Faust tombe-t-il amoureux dans la version du conte écrite par Goethe ?

a - D'Hanna ☐
b - De Marguerite ☐
c - De Laura ☐
d - D'Hélène ☐

24 / Quel poète romantique fut candidat malheureux à l'élection présidentielle de 1848 qui porta au pouvoir Louis Napoléon Bonaparte ?

a - Victor Hugo ☐
b - Alfred de Vigny ☐
c - Alphonse de Lamartine ☐
d - François René de Chateaubriand ☐

25 / Quels camps s'opposent lors de la bataille d'*Hernani*, pièce présentée par Victor Hugo en 1830 ?

a - Les anciens et les modernes ☐
b - Les classiques et les romantiques ☐
c - Les réalistes et les romantiques ☐
d - Les naturalistes et les surréalistes ☐

26 / Quel événement historique est relaté par Victor Hugo dans *Les Misérables* ?

a - La prise de la Bastille en 1789 ☐
b - L'insurrection républicaine de 1832 ☐
c - L'avènement de la Seconde République en 1848 ☐
d - La Commune de Paris en 1871 ☐

27 / Lequel de ces romans n'a pas été écrit par Stendhal ?

a - *Le Rose et le Vert* ☐
b - *Le Rouge et le Noir* ☐
c - *Le Jaune et le Bleu* ☐
d - *La Chartreuse de Parme* ☐

28 / De quel roman d'Honoré de Balzac Eugène de Rastignac est-il le héros ?

a - *Eugénie Grandet* ☐
b - *Le Lys dans la vallée* ☐
c - *Le Père Goriot* ☐
d - *La Peau de chagrin* ☐

29 / Comment est mort le célèbre poète russe Alexandre Pouchkine ?

a - De vieillesse ☐
b - Empoisonné ☐
c - En duel contre l'amant de sa femme ☐
d - Lors de la guerre russo-japonaise ☐

30 / Lequel de ces personnages Alice ne rencontre-t-elle pas lors de son voyage au pays imaginaire de Lewis Caroll ?

a - Le Lapin blanc ☐
b - La Reine de pique ☐
c - Le Chat du Cheshire ☐
d - Le Chapelier fou ☐

31 / Quelle profession exerce Georges Duroy, le *Bel-Ami* arriviste de Guy de Maupassant ?

a - Journaliste ☐
b - Avocat ☐
c - Peintre ☐
d - Il vit de ses rentes. ☐

32 / Quel volet de la trilogie de Jules Vallès commence par cette dédicace : « À tous ceux qui, nourris de grec et de latin, sont morts de faim, je dédie ce livre » ?

a - *L'Enfant* ☐
b - *Le Bachelier* ☐
c - *L'Insurgé* ☐
d - *Le Licencié* ☐

33 / Lequel de ces romans n'a pas été écrit par Charles Dickens ?

a - *Sans famille* ☐
b - *Oliver Twist* ☐
c - *David Copperfield* ☐
d - *La Petite Dorrit* ☐

34 / Dans quel roman du Russe Dostoïevski se trouve la parabole du Grand Inquisiteur ?

a - *L'Idiot* ☐
b - *Le Joueur* ☐
c - *Crime et Châtiment* ☐
d - *Les Frères Karamazov* ☐

35 / Quel est ce « dieu sinistre, impassible, effrayant » qui terrorisait tant Charles Baudelaire ?

a - Le temps ☐
b - L'horloge ☐
c - Le calendrier ☐
d - La mort ☐

36 / Sous l'égide de quel dieu associé à la mélancolie Paul Verlaine place-t-il son premier recueil ?

a - Saturne ☐
b - Jupiter ☐
c - Janus ☐
d - Phébus ☐

37 / Lequel de ces titres n'appartient pas à la série des *Claudine* écrite par Colette ?

a - *Claudine à l'école* ☐
b - *Claudine à Paris* ☐
c - *Claudine se marie* ☐
d - *La Maison de Claudine* ☐

38 / Dans *La Ferme des animaux*, satire de la révolution russe publiée par George Orwell en 1945, quels animaux prennent le commandement de la ferme ?

a - Les chevaux ☐
b - Les bœufs ☐
c - Les paons ☐
d - Les cochons ☐

39 / De qui s'éprend Aurélien dans le roman du même nom de Louis Aragon ?

a - Blanche ☐
b - Bérénice ☐
c - Diane ☐
d - Pénélope ☐

LES GRANDS MOUVEMENTS

LE PROJET ENCYCLOPÉDIQUE

Tout le projet égalitaire de la Déclaration des droits de l'homme et du citoyen d'août 1789 est présent en filigrane dans le but que s'assignent, dès 1751, les rédacteurs de l'Encyclopédie : permettre à tout homme de s'affirmer pleinement comme tel par la maîtrise du savoir, indispensable à la pratique de la vertu. « Le but d'une Encyclopédie est de rassembler les connaissances éparses sur la terre ; d'en exposer le système général aux hommes avec qui nous vivons, et de le transmettre aux hommes qui viendront après nous, afin que les travaux des siècles passés n'aient pas été des travaux inutiles pour les siècles qui leur succéderont ; que nos neveux, devenant plus instruits, deviennent en même temps plus vertueux et plus heureux, et que nous ne mourions pas sans avoir bien mérité du genre humain. »

LE PRÉROMANTISME ALLEMAND

Johann Wolfgang von Goethe (1749-1832) est l'un des principaux animateurs du *Sturm und Drang*, mouvement qui prône la révolte contre la raison, les conventions sociales et religieuses, et qui se traduit aussi par des idées patriotiques et révolutionnaires. Les influences littéraires proviennent de Shakespeare ou de Rousseau.

LE PARNASSE

Leconte de Lisle (1818-1894) (*Poèmes barbares*, 1862), José Maria de Heredia (1842-1905) (*Les Trophées*, 1893) et Banville se regroupent en 1866 au sein du recueil *Le Parnasse contemporain* (1866-1896), qui donne son nom au mouvement. Les mots d'ordre de l'école sont l'absence d'implication personnelle dans le poème, la volonté d'un travail acharné pour tenter de parvenir à une beauté jugée inaccessible, et le refus des batailles engagées qui ont marqué le romantisme. Le poète ne doit plus être qu'un instrument docile au service de son art.

LE MOT À REDÉCOUVRIR

CATILINAIRE

Discours enflammé contre quelqu'un. *Les Catilinaires* sont une série de harangues de Cicéron. C'est aussi le titre d'un roman d'Amélie Nothomb.

LES DATES À RETENIR

1901

Prix Nobel de littérature

Le premier prix Nobel de littérature est attribué à un poète français, Sully Prudhomme. La France est le pays qui totalise le plus de lauréats dans cette catégorie, avec 15 écrivains distingués.

1913

Du côté de Swann

Publication du premier volume d'*À la Recherche du temps perdu* de Marcel Proust.

2010

Michel Houellebecq

Michel Houellebecq reçoit le prix Goncourt pour *La Carte et le Territoire*.

L'AUTOFICTION

Apparu dans les années 1980, le terme « autofiction » est utilisé pour désigner la mise en fiction d'une vie personnelle (*La Promesse de l'aube*, de Romain Gary (1914-1980) ; *L'Inceste*, de Christine Angot (née en 1959). Dans ce type de récits, il y a un croisement entre vie réelle de l'auteur et fiction, ces deux parties étant indissociables.

Parmi d'autres exemples originaux, on peut citer *W ou le souvenir d'enfance* de Georges Perec (1936-1982), où le mélange de la fiction et de l'autobiographie permet d'interroger le rôle de l'écriture dans le processus de compréhension de soi et de son histoire.

40 / Dans quel contexte historique se déroule *Les Raisins de la colère* de John Steinbeck ?

a - La guerre d'Indépendance américaine ☐
b - La guerre de Sécession ☐
c - La Première Guerre mondiale ☐
d - La Grande Dépression ☐

41 / De quel handicap souffrait l'écrivain argentin Jorge Luis Borges à la fin de sa vie ?

a - De surdité ☐
b - De cécité ☐
c - De la paralysie de sa jambe gauche ☐
d - D'avoir perdu un bras au cours d'un accident de voiture ☐

42 / Quel est le pays d'origine du poète Pablo Neruda, lauréat du prix Nobel de littérature en 1971 ?

a - L'Espagne ☐
b - L'Argentine ☐
c - Le Chili ☐
d - Le Brésil ☐

43 / Lequel de ces poètes français fut interné pendant la Seconde Guerre mondiale au camp de Buchenwald ?

a - Paul Éluard ☐
b - René Char ☐
c - Louis Aragon ☐
d - Robert Desnos ☐

44 / Quelle expérience particulièrement douloureuse raconte Primo Levi dans son récit *Si c'est un homme* ?

a - Son expérience du fascisme italien ☐
b - Son expérience du camp de concentration d'Auschwitz ☐
c - Son expérience de détenu par la mafia sicilienne ☐
d - Son expérience de paysan pauvre dans l'Italie du Sud ☐

45 / Outre ses romans et nouvelles, l'Autrichien Stefan Zweig a écrit de nombreuses biographies. Quelle reine de France a fait l'objet de ses travaux ?

a - Marguerite, épouse d'Henri IV ☐
b - Marie-Thérèse, épouse de Louis XIV ☐
c - Marie-Antoinette, épouse de Louis XVI ☐
d - Marie-Amélie, épouse de Louis-Philippe ☐

46 / Quel concept le poète martiniquais Aimé Césaire a-t-il inventé ?

a - La négritude ☐
b - « Black is beautiful » ☐
c - L'africanisme ☐
d - La francité ☐

47 / Par quelle pièce, qui porte sur les rapports entre l'action politique et la violence, Albert Camus répond-il aux thèses exposées dans *Les Mains sales* de Jean-Paul Sartre ?

a - *Caligula* ☐
b - *Les Justes* ☐
c - *Le Malentendu* ☐
d - *L'État de siège* ☐

48 / Lequel de ces romans n'a pas été écrit par Louis-Ferdinand Céline ?

a - *Mort à crédit* ☐
b - *Voyage au bout de la nuit* ☐
c - *Nord* ☐
d - *Sud* ☐

49 / Dans lequel de ces récits André Gide dénonce-t-il le colonialisme ?

a - *Voyage au Congo* ☐
b - *Retour d'URSS* ☐
c - *Les Caves du Vatican* ☐
d - *L'Immoraliste* ☐

50 / Quel gibier fait la gloire du père de Marcel Pagnol à la chasse ?

- **a -** Les bartavelles ☐
- **b -** Les lièvres ☐
- **c -** Les chevreuils ☐
- **d -** Il ne chasse pas, il pêche. ☐

51 / *La Disparition*, paru en 1969, est un roman étonnant et un véritable tour de force : la lettre « e » n'y figure pas. Qui en est l'auteur ?

- **a -** Raymond Queneau ☐
- **b -** Daniel Pennac ☐
- **c -** Jean Cocteau ☐
- **d -** Georges Perec ☐

52 / Quel est le pays d'origine de John Maxwell Coetzee, prix Nobel de littérature en 2003 ?

- **a -** Les Pays-Bas ☐
- **b -** L'Autriche ☐
- **c -** L'Afrique du Sud ☐
- **d -** Les États-Unis ☐

53 / Quel est le romancier japonais auteur de la trilogie *IQ84*, publiée en France entre 2011 et 2012 ?

- **a -** Haruki Murakami ☐
- **b -** Haruki Marakumi ☐
- **c -** Haruki Mirikimi ☐
- **d -** Haruki Murakamu ☐

54 / À quelle ville Orhan Pamuk, prix Nobel de littérature en 2006, a-t-il consacré ses romans les plus connus ?

- **a -** Ankara ☐
- **b -** Istanbul ☐
- **c -** Izmir ☐
- **d -** Antalya ☐

55 / Quelle est la nationalité de l'écrivain Svetlana Alexievitch (née en 1948), qui a obtenu le prix Nobel de littérature en 2015 ?

- **a -** Russe ☐
- **b -** Biélorusse ☐
- **c -** Ukrainienne ☐
- **d -** Française ☐

56 / Quel est le dernier écrivain français à avoir reçu le prix Nobel de littérature ?

- **a -** Jean-Paul Sartre ☐
- **b -** Albert Camus ☐
- **c -** J. M. G. Le Clézio ☐
- **d -** Patrick Modiano ☐

57 / Quel auteur américain s'est fait connaître en 1984 avec un livre intitulé *Journal d'un oiseau de nuit* ?

- **a -** Bret Easton Ellis ☐
- **b -** Jay McInerney ☐
- **c -** Raymond Carver ☐
- **d -** Don DeLillo ☐

58 / Quel auteur espagnol est membre de l'Académie royale espagnole depuis 2003 ?

- **a -** Javier Cercas ☐
- **b -** Eduardo Mendoza ☐
- **c -** Antonio Munoz Moliña ☐
- **d -** Arturo Pérez-Reverte ☐

59 / En quelle année le premier prix Goncourt a-t-il été décerné :

- **a -** 1899 ☐
- **b -** 1901 ☐
- **c -** 1903 ☐
- **d -** 1905 ☐

60 / Qui a obtenu le prix Goncourt en 2018 ?

- **a -** Éric Vuillard ☐
- **b -** Nicolas Mathieu ☐
- **c -** Philippe Lançon ☐
- **d -** Pauline Delabroy-Allard ☐

D'OÙ VIENT CETTE CITATION ?

L'ENFER C'EST LES AUTRES.

Dans sa pièce *Huis clos*, créée en 1944, Sartre met en scène trois personnages, deux femmes et un homme qui se retrouvent après leur mort, condamnés à être ensemble en Enfer. À la fin de la pièce, un des personnages s'exclame : « Alors c'est ça l'enfer. Je ne l'aurais jamais cru… Vous vous rappelez : le soufre, le bûcher, le gril. Ah ! quelle plaisanterie. Pas besoin de gril, l'enfer c'est les autres. »

Cette réplique déclencha une vive polémique, obligeant Sartre à préciser le sens qu'il lui donnait : « "l'enfer c'est les autres" a toujours été mal compris. On a cru que je voulais dire par là que nos rapports avec les autres étaient toujours empoisonnés, que c'était toujours des rapports infernaux. Or, c'est tout autre chose que je veux dire. Je veux dire que si les rapports avec autrui sont tordus, viciés, alors l'autre ne peut être que l'enfer. Pourquoi ? Parce que les autres sont, au fond, ce qu'il y a de plus important en nous-mêmes, pour notre propre connaissance de nous-mêmes […]. Quoi que je dise sur moi, toujours le jugement d'autrui entre dedans. » (Préface de *Huis clos*).

LES GRANDS MOUVEMENTS

LE DADAÏSME

Le *dadaïsme* souhaite l'abolition de toute loi formelle et de toute règle, aussi bien dans la littérature que dans les arts : l'artiste doit rendre dans son œuvre l'absurdité du monde, contenue dans ce mot polysémique, qui est d'abord un vocable enfantin, « dada ». Le mouvement est lancé, en 1916, par Tristan Tzara (1896-1963), Français d'origine roumaine. Tzara utilise l'absurde, l'obscène, se livre à l'écriture de « poèmes simultanés », et lance les expositions de *ready-made*, objets utilitaires quotidiens, afin de prouver que c'est par un artifice conventionnel qu'un objet est jugé et reconnu comme culturel. Ses principales œuvres sont *L'Homme approximatif* (1931), *L'Antitête* (1933) et *Le Coeur à gaz* (1921).

MUSIQUE & DANSE

Définir en quelques mots ce que sont la musique ou la danse se révèle difficile… voire impossible. Pour le philosophe Arthur Schopenhauer, la musique était le premier des arts, celui qui exerce le plus d'influence sur les sens des individus, parce qu'elle se détache complètement de la matière. La danse est au contraire l'art de mouvoir son corps selon un espace et un temps définis. Mais on sait bien que ces deux disciplines artistiques sont intimement liées et, des ballets de Lully à la pop contemporaine, on ne saurait les dissocier.

Solutions des quiz page 85

QU'EST-CE QUE

LE MOTET

Le *motet* est une forme musicale apparue au XIIIe siècle, sans accompagnement musical, mais avec une ou plusieurs voix. C'est une pièce écrite sur un texte en latin. Il existait aussi des motets profanes, l'étymologie du mot signifiant « petit mot ». Pendant tout le Moyen Âge, c'est en France la forme principale de polyphonie.

LES GRANDS MOUVEMENTS

LA MUSIQUE BAROQUE

L'âge baroque, né avec les débuts de l'opéra en Italie et en Allemagne, se termine avec la symphonie classique (grossièrement entre 1700 et 1750). Au cours de cette période naissent de nouveaux genres comme l'oratorio, drame lyrique sur un sujet religieux ; la cantate, chant à un ou plusieurs avec accompagnement ; la suite, composition musicale de plusieurs morceaux de même tonalité ; ou la sonate, alternance de mouvements lents et rapides. Après une longue période de polyphonie, s'impose la monodie, chant à une voix, soutenue par une basse instrumentale (luth, clavecin…), appelée basse continue.

1 / Dans la mythologie grecque, qui est la Muse de la musique ?

a - Calliope ☐
b - Athéna ☐
c - Érato ☐
d - Euterpe ☐

LE CHANT GRÉGORIEN

Le fondateur de la musique occidentale a été le pape Grégoire Ier, vers 600. Il a commencé à codifier et à unifier le rituel liturgique en Occident. Cela donnera le chant grégorien – dit aussi plain-chant – chant sacré, d'une seule ligne mélodique, interprété par un chœur de voix masculines et sans instrument (c'est-à-dire *a capella*). Au XIe siècle, les prémices du solfège apparaissent. Les progrès de la notation musicale permettent une meilleure circulation des œuvres, souvent confinées jusque-là à un seul monastère ou à une seule église.

2 / De quel handicap Jean-Sébastien Bach fut-il atteint dans les dernières années de sa vie ?

a - La surdité ☐
b - La cécité ☐
c - La démence ☐
d - La paralysie ☐

3 / Les textes des œuvres de musique sacrée de Jean-Sébastien Bach sont généralement rédigés :

a - En latin ☐
b - En allemand ☐
c - En grec ancien ☐
d - En français ☐

4 / Par quelle saison commencent *Les Quatre Saisons* de Vivaldi ?

a - Le printemps ☐
b - L'été ☐
c - L'automne ☐
d - L'hiver ☐

5 / Qui a composé la *Marche de Radetzky* ?

a - Johann Strauss père ☐
b - Johann Strauss fils ☐
c - Johannes Brahms ☐
d - Franz Schubert ☐

6 / « La Marche des rois mages », qui débute par le célèbre « De bon matin, j'ai rencontré le train… » est l'un des morceaux de la pièce L'*Arlésienne* d'Alphonse Daudet. Qui a mis cette dernière en musique ?

a - Charles Gounod ☐
b - Georges Bizet ☐
c - Gabriel Fauré ☐
d - Hector Berlioz ☐

7 / Comment se prénommait le compositeur russe Moussorgski ?

a - Modest ☐
b - Prudent ☐
c - Patience ☐
d - Fulgence ☐

8 / Comment la « malédiction de la 9e *Symphonie* » est-elle censée se traduire pour les malheureux compositeurs qu'elle touche ?

a - Leur 9e *Symphonie* rencontre l'échec ☐
b - Leur 9e *Symphonie* reste inachevée ☐
c - Leur 9e *Symphonie* est leur dernière ☐
d - Leur 9e *Symphonie* n'est pas jouée ☐

9 / À quel compositeur italien doit-on *Madame Butterfly* ?

- **a** - Giacomo Puccini ☐
- **b** - Giuseppe Verdi ☐
- **c** - Antonio Vivaldi ☐
- **d** - Luigi Boccherini ☐

10 / Qui a composé l'opéra intitulé *Les Vêpres siciliennes* ?

- **a** - Giuseppe Verdi ☐
- **b** - Giacomo Puccini ☐
- **c** - Hector Berlioz ☐
- **d** - Richard Wagner ☐

11 / La *Symphonie pastorale*, véritable évocation de la nature, est une œuvre de :

- **a** - Wolfgang Amadeus Mozart ☐
- **b** - Ludwig van Beethoven ☐
- **c** - Gustav Mahler ☐
- **d** - Franz Schubert ☐

12 / La *Symphonie classique* de Prokofiev est une œuvre :

- **a** - Baroque ☐
- **b** - Romantique ☐
- **c** - Classique ☐
- **d** - Néoclassique ☐

13 / De quelle œuvre a été tiré l'hymne européen ?

- **a** - La *41e Symphonie* de Mozart ☐
- **b** - Un lied de Schubert ☐
- **c** - La *9e Symphonie* de Beethoven ☐
- **d** - La Marseillaise ☐

14 / Quel compositeur a laissé une *8e Symphonie* dite « inachevée » ?

- **a** - Gustav Mahler ☐
- **b** - Ludwig van Beethoven ☐
- **c** - Anton Bruckner ☐
- **d** - Franz Schubert ☐

15 / Ces trois compositeurs sont nés la même année. Qui sont-ils ?

- **a** - Berlioz, Bizet et Borodine ☐
- **b** - Haydn, Mozart et Salieri ☐
- **c** - Haendel, Bach et Scarlatti ☐
- **d** - Prokofiev, Chostakovitch et Debussy ☐

16 / Lequel de ces compositeurs ne peut être considéré comme romantique ?

- **a** - Franz Liszt ☐
- **b** - Robert Schumann ☐
- **c** - Johannes Brahms ☐
- **d** - Sergueï Prokofiev ☐

17 / Qui a composé les *Carmina Burana* en 1935-1936 ?

- **a** - Carl Orff ☐
- **b** - Maurice Ravel ☐
- **c** - Dimitri Chostakovitch ☐
- **d** - Igor Stravinsky ☐

18 / Lequel de ces musiciens joue du violoncelle ?

- **a** - Yehudi Menuhin ☐
- **b** - Mstislav Rostropovitch ☐
- **c** - Maurice André ☐
- **d** - Renaud Capuçon ☐

19 / Dans quel pays le « groupe des Six » s'est-il constitué ?

- **a** - En Russie ☐
- **b** - En France ☐
- **c** - En Espagne ☐
- **d** - En Allemagne ☐

20 / Une fanfare est composée de :

- **a** - Un violon, un alto et un violoncelle ☐
- **b** - Une flûte, un hautbois, une clarinette, un basson et un cor ☐
- **c** - Un piano et des violons ☐
- **d** - Des cuivres et une batterie ☐

L'ŒUVRE INCONTOURNABLE

L'ORFEO

Créé le 24 février 1607 pour l'ouverture du carnaval au Théâtre de la Cour de Vincent Ier de Mantoue, *L'Orfeo* de Claudio Monteverdi est considéré comme l'un des premiers opéras (« *dramma per musica* ») de l'histoire de la musique. Il reprend le mythe d'Orphée et Eurydice. Après une longue éclipse de trois siècles, il sera de nouveau donné à Paris en 1904, dans une adaptation abrégée.

LES DATES À RETENIR

1670

Le Bourgeois gentilhomme

Comédie-ballet de Molière intégrant des intermèdes musicaux de Jean-Baptiste Lully, *Le Bourgeois gentilhomme* est donné le 14 octobre au château de Chambord devant la cour et Louis XIV.

1756

Wolfgang Amadeus Mozart

Naissance du grand compositeur autrichien Wolfgang Amadeus Mozart le 27 janvier à Salzbourg, en Autriche.

1845

Richard Wagner

Le 19 octobre, Richard Wagner dirige la première de son opéra *Tannhaüser* à Dresde.

1925

Pierre Boulez

Naissance de Pierre Boulez le 26 mars à Montbrison. Grand compositeur et chef d'orchestre français, professeur au Collège de France, titulaire de la chaire « Invention, technique et langage en musique », il sera aussi le fondateur de l'IRCAM (Institut de recherche et coordination acoustique/musique).

QU'EST-CE QUE

L'ORATORIO

L'*oratorio* est une œuvre à caractère religieux illustrée par un thème précis, dont le sujet est tiré des *Écritures* ou de l'histoire sainte. Né dans les oratoires romains, c'est un genre florissant dès le XVIe siècle. Dans les premières décennies du XXe, il désignera plus précisément, dans la musique occidentale, une partition pour solo, chœurs et orchestre, illustrée par une action sacrée ou profane. Il est destiné au concert et non au théâtre, car on n'y trouve ni action, ni costume, ni décor.

LE MOT À REDÉCOUVRIR

LE LIED

Composition vocale à une ou plusieurs parties, avec ou sans accompagnement musical, sur un texte de langue allemande.

UNE BELLE EXPRESSION

LES LENDEMAINS QUI CHANTENT

Nous sommes la jeunesse ardente qui vient escalader le ciel / Dans un cortège fraternel unissons nos mains frémissantes / Sachons protéger notre pain, nous bâtirons un lendemain qui chante. Paul Vaillant-Couturier, écrivain et cofondateur du parti communiste français, exprimait ainsi l'espérance d'un avenir meilleur grâce à l'idéologie marxiste dans la chanson « Jeunesse », écrite en 1937. L'expression connut un franc succès bien au-delà des jeunesses communistes ; le résistant Gabriel Péri la reprit dans sa lettre d'adieu la veille de son exécution, le général de Gaulle lui-même la cita dans ses mémoires de guerre et les manifestants de 1968, bien sûr, dans leurs slogans.

21 / Qu'est-ce qu'un alto ?

a - Une catégorie de clavier ☐
b - Un instrument de musique à quatre cordes ☐
c - Une catégorie de voix d'hommes ☐
d - Un instrument de musique à vent ☐

22 / De quel instrument de musique Pablo Casals était-il virtuose ?

a - Violoncelle ☐
b - Guitare ☐
c - Violon ☐
d - Piano ☐

23 / Quel compositeur et chef d'orchestre est associé à la musique des films de Steven Spielberg ?

a - David Arnold ☐
b - John Barry ☐
c - Jerry Goldsmith ☐
d - John Williams ☐

24 / Quel compositeur et chef d'orchestre a réalisé la musique de nombreux films d'Alfred Hitchcock ?

a - Bernard Herrmann ☐
b - Ennio Morricone ☐
c - Maurice Jarre ☐
d - Vangelis ☐

LES GRANDS MOUVEMENTS

LE SYSTÈME SÉRIEL

Le système sériel, développé par Anton Webern (1883-1945), est repris après sa mort par Pierre Boulez (1925-2016) et Karlheinz Stockhausen (1928-2007). Le but de la *musique sérielle* est d'enregistrer dans un premier temps sur la partition l'intensité, la hauteur, la durée, le timbre de chaque son émis, afin de leur appliquer un traitement sériel. Parmi les œuvres les plus représentatives, le premier cahier des *Structures* de Boulez, et les *Kontrapunkte* de Stockhausen.

25 / En quelle année a été créée, en France, la fête de la Musique ?

a - En 1982 ☐
b - En 1984 ☐
c - En 1986 ☐
d - En 1998 ☐

26 / Qui a composé la musique qui inspira la comédie musicale *West Side story* ?

a - George Chakiris ☐
b - Leonard Bernstein ☐
c - George Gershwin ☐
d - Arthur Honegger ☐

27 / Le compositeur et chef d'orchestre Nino Rota réalisa la musique des films de :

a - Luchino Visconti ☐
b - Michelangelo Antonioni ☐
c - Federico Fellini ☐
d - Martin Scorsese ☐

28 / Dans le film *Les Choristes*, sorti sur les écrans en 2004, quel acteur interprète un professeur de musique employé comme surveillant dans un centre de rééducation pour mineurs ?

a - Gérard Jugnot ☐
b - Daniel Auteuil ☐
c - Gérard Depardieu ☐
d - Christian Clavier ☐

29 / Le festival de Woodstock, en 1969, rassemblait des amateurs de :

a - Jazz ☐
b - Charleston ☐
c - Musique classique ☐
d - Rock ☐

30 / Chaque année se déroule dans la ville de Bayreuth un festival. Il est consacré à l'œuvre de :

a - Wolfgang Amadeus Mozart ☐
b - Giacomo Puccini ☐
c - Richard Wagner ☐
d - Johannes Brahms ☐

31 / Le festival des Vieilles Charrues se déroule chaque année :

a - En Bretagne ☐
b - Dans le Limousin ☐
c - Dans les Pays de la Loire ☐
d - En Aquitaine ☐

32 / Le festival de La Roque d'Anthéron est un festival international de :

a - Piano ☐
b - Violon ☐
c - Musique classique ☐
d - Jazz ☐

33 / En 2013, on a commémoré :

a - Le 500e anniversaire de la naissance de Jean-Sébastien Bach ☐
b - Le 100e anniversaire de la mort de Giuseppe Verdi ☐
c - Le 200e anniversaire de la naissance de Giuseppe Verdi et de Richard Wagner ☐
d - Le 200e anniversaire de la mort de Wolfgang Amadeus Mozart ☐

34 / Qui a coécrit le « Chant des partisans » avec Maurice Druon en 1943 ?

a - Joseph Joffo ☐
b - Joseph Kessel ☐
c - Romain Gary ☐
d - Jean Moulin ☐

35 / Quelle chanson de Barbara a été reprise avec succès en 1992 par la Québécoise Marie Carmen ?

a - « Femme piano » ☐
b - « La Déraison » ☐
c - « L'Aigle noir » ☐
d - « La Solitude » ☐

36 / La « Chanson pour l'Auvergnat » a été écrite et interprétée par :

a - Édith Piaf ☐
b - Jacques Brel ☐
c - Georges Brassens ☐
d - Georges Moustaki ☐

37 / Selon Claude Nougaro, « quand le jazz est là », quelle danse s'en va ?

a - La polka ☐
b - La rumba ☐
c - La java ☐
d - La salsa ☐

38 / Qui a chanté « Le Métèque ? »

a - Pierre Perret ☐
b - Renaud ☐
c - Georges Moustaki ☐
d - Jean Ferrat ☐

39 / Qui chantait « Comme ils disent ? »

a - Léo Ferré ☐
b - Jacques Brel ☐
c - Georges Brassens ☐
d - Charles Aznavour ☐

40 / Quelle chanteuse s'est fait connaître en remportant le Grand Prix de l'Eurovision en 1965 ?

a - France Gall ☐
b - Véronique Sanson ☐
c - Jane Birkin ☐
d - Elsa ☐

41 / Quelle chanson de Patrick Bruel commence par : « On m'avait dit : "Te pose pas trop de questions" » ?

a - « Qui a le droit » ☐
b - « On s'était dit » ☐
c - « Des souvenirs devant » ☐
d - « Lequel de nous » ☐

42 / A quel chanteur soul doit-on le tube : « It's a Man's Man's Man's World » en 1966 ?

a - Marvin Gaye ☐
b - Quincy Jones ☐
c - Tom Jones ☐
d - James Brown ☐

LES DATES À RETENIR

1901

Louis Armstrong

Le célèbre trompettiste américain surnommé Satchmo naît le 4 août à La Nouvelle-Orléans. Son immense talent et son aura auront fait de lui l'un des plus grands représentants du jazz.

1934

Billie Holliday

Surnommée Lady Day, la chanteuse Billie Holliday se produit pour la première fois sur une grande scène, au fameux Apollo Theater de Manhattan.

1955

Charlie Parker

Le saxophoniste Charlie Parker surnommé Bird meurt à New York le 12 mars. Il est avec Dizzy Gillespie l'un des grands noms du bebop.

1957

Miles Davis

Miles Davis enregistre la musique du film *Ascenseur pour l'échafaud* de Louis Malle.

1972

Keith Jarrett

Sortie du premier album solo du pianiste de jazz américain Keith Jarret.

QUI EST

GEORGES BALANCHINE

Né en 1904 à Saint-Petersbourg, Georges Balanchine est d'abord maître de ballet au sein des Ballets russes, où il entame une longue collaboration avec Igor Stravinsky. Il émigre aux États-Unis en 1933 et donne naissance au New-York City Ballet en 1948. Il renouvelle alors la chorégraphie par des mouvements nouveaux, plus vifs, rythmés, sollicitant davantage le corps tout entier. Il meurt en 1983.

LE MOT À REDÉCOUVRIR

VARIATION

Chorégraphie exécutée par une seule personne, en solo.

43 / Quand est mort Elvis Presley ?

a - En 1976 ☐
b - En 1977 ☐
c - En 1978 ☐
d - En 1979 ☐

44 / Lequel de ces albums n'a pas été composé par les Beatles ?

a - *Imagine* ☐
b - *Let it be* ☐
c - *Revolver* ☐
d - *Abbey Road* ☐

45 / Dans quelle ville américaine fut fondé le groupe de rock The Doors ?

a - New York ☐
b - Chicago ☐
c - Los Angeles ☐
d - Dallas ☐

46 / À quel groupe doit-on l'album intitulé *The Wall* ?

a - Les Beatles ☐
b - Les Rolling Stones ☐
c - Pink Floyd ☐
d - Les Who ☐

47 / À quel courant musical rattache-t-on le groupe Nirvana ?

a - Punk ☐
b - Funk ☐
c - Rock ☐
d - Grunge ☐

48 / Dans la mythologie grecque, qui était la Muse de la danse ?

a - Érato ☐
b - Terpsichore ☐
c - Clio ☐
d - Melpomène ☐

49 / Quand fut créé le corps de ballet de l'Opéra de Paris ?

a - En 1669 ☐
b - En 1789 ☐
c - En 1806 ☐
d - En 1935 ☐

50 / Qu'est ce qui ne désigne pas un grade dans la hiérarchie du ballet de l'Opéra de Paris ?

a - Étoile ☐
b - Coryphée ☐
c - Premier rat ☐
d - Sujet ☐

51 / En danse classique, qu'est-ce qu'un pas de deux ?

a - Un mouvement exécuté à plus de deux danseurs ☐
b - Un mouvement exécuté à deux danseurs ☐
c - Un mouvement exécuté sur un rythme à deux temps ☐
d - Un mouvement exécuté pendant deux minutes ☐

52 / Un entrechat est :

a - Un saut qui se termine en grand écart ☐
b - Une sorte d'arabesque ☐
c - Une pointe particulièrement spectaculaire ☐
d - Le fait de croiser et décroiser les jambes en un seul saut ☐

53 / Lequel de ces ballets n'est pas l'œuvre de Piotr Ilitch Tchaïkovski (1840-1893) ?

a - *La Belle au bois dormant* ☐
b - *Casse-noisette* ☐
c - *Le Lac des cygnes* ☐
d - *Petrouchka* ☐

54 / Qui a composé la valse *Le Beau Danube bleu* ?

a - Johannes Brahms ☐
b - Richard Strauss ☐
c - Johann Strauss fils ☐
d - Johann Strauss père ☐

55 / Qu'est-ce qui n'est pas une danse ?

a - La garçonne ☐
b - Le quadrille ☐
c - La chaconne ☐
d - La sarabande ☐

56 / De quel pays vient le mambo ?

a - Le Brésil ☐
b - L'Argentine ☐
c - La Colombie ☐
d - Cuba ☐

57 / Le charleston se dansait dans les années…

a - 1900-1910 ☐
b - 1910-1920 ☐
c - 1920-1930 ☐
d - 1930-1940 ☐

58 / Cette célèbre danseuse américaine d'origine irlandaise mourut en 1927, étranglée par son écharpe qui s'était prise dans une roue de sa voiture. De qui s'agit-il ?

- **a -** Isadora Duncan ☐
- **b -** Margot Fonteyn ☐
- **c -** Sylvie Guillem ☐
- **d -** Joséphine Baker ☐

59 / Né en Union soviétique en 1938, il est considéré comme l'un des plus grands danseurs et a dirigé l'Opéra de Paris dans les années 1980. Qui est-il ?

- **a -** Rudolf Noureev ☐
- **b -** Patrick Dupond ☐
- **c -** Mikhaïl Barychnikov ☐
- **d -** Igor Moïsseïev ☐

60 / Le danseur et chorégraphe américain William Forsythe (né en 1949) a longtemps dirigé le ballet de :

- **a -** Paris ☐
- **b -** New York ☐
- **c -** Francfort ☐
- **d -** Berlin ☐

61 / Avec quel chorégraphe fut mariée la célèbre danseuse, meneuse de revue et actrice Zizi Jeanmaire (née en 1924) ?

- **a -** Maurice Béjart ☐
- **b -** Roland Petit ☐
- **c -** Claude Bessy ☐
- **d -** Patrick Dupond ☐

62 / Où se trouve l'École nationale de danse créée par le chorégraphe Roland Petit ?

- **a -** À Marseille ☐
- **b -** À Paris ☐
- **c -** À Lyon ☐
- **d -** À Lille ☐

63 / Quelle actrice américaine est la vedette du film *Black Swan*, sorti sur les écrans en 2011 ?

- **a -** Natalie Portman ☐
- **b -** Eva Mendes ☐
- **c -** Scarlett Johansson ☐
- **d -** Kristin Kreuk ☐

64 / Quelle danseuse a été désignée comme « danseuse du siècle » en 1998 par le magazine américain *Time* ?

- **a -** Isadora Duncan ☐
- **b -** Martha Graham ☐
- **c -** Eleonora Abbagnato ☐
- **d -** Luciana Brites ☐

65 / En quelle année est mort le grand danseur et chorégraphe américain Alvin Ailey ?

- **a -** 1987 ☐
- **b -** 1989 ☐
- **c -** 1991 ☐
- **d -** 1993 ☐

66 / Quelle danseuse étoile a mis fin à sa carrière en 2015 à Tokyo, au terme d'une tournée internationale ?

- **a -** Sylvie Guillem ☐
- **b -** Marie-Claude Pietragalla ☐
- **c -** Delphine Moussin ☐
- **d -** Marie-Agnès Gillot ☐

67 / Qui est actuellement à la tête du ballet de l'Opéra de Paris ?

- **a -** Benjamin Millepied ☐
- **b -** Patrick Dupond ☐
- **c -** Aurélie Dupont ☐
- **d -** Claude Bessy ☐

LE REGGAE

Dérivé du *calypso*, musique de carnaval des Antilles, le *reggae* s'impose comme une musique jamaïcaine des années 1940, découverte en Occident en 1974, lors de la reprise d'un titre de Bob Marley (1945-1981), « I Shot the Sheriff ».

L'ŒUVRE INCONTOURNABLE

LE BALLET COMIQUE DE LA REINE

Le *Ballet comique de la reine*, de Balthazar de Beaujoyeulx, est représenté en 1581 pour les noces du duc de Joyeuse et de Mademoiselle de Vaudémont, sœur de la reine. C'est l'un des tout premiers ballets, et les maîtres à danser font ensuite leur apparition dans tout le pays. Ils rédigent les premiers manuels de danse, et les premières écoles sont fondées.

LES DATES À RETENIR

1661

Académie royale

Louis XIV fonde l'Académie royale de danse, qui deviendra en 1684 l'Académie royale de musique et de danse. Les premiers danseurs professionnels font alors leur apparition.

1912

Vaslav Nijinski

Le 29 mai, au théâtre du Châtelet, à Paris, est *donné L'Après-midi d'un faune*, premier ballet de Vaslav Nijinski, dont il est le principal interprète.

LES BALLETS RUSSES

Fondés en 1909 à Saint-Pétersbourg, les Ballets russes sont inséparables de l'influence des aquarellistes allemands et anglais, des peintres russes et finnois, ou des impressionnistes français. À leur tour, ils entraîneront d'autres arts dans leur sillage (peinture, musique...) influençant jusqu'à la danse jazz ou la gymnastique rythmique.

Aux XVIIIe et XIXe siècles, les ballets étaient très réglementés ; les Ballets russes vont tout bouleverser : il existait cinq positions pour la danse, le *Sacre du Printemps* en révèle deux supplémentaires ; les danseuses classiques ne pouvaient porter que des tutus, tandis que dans les Ballets russes, chaque rôle a son propre costume ; les décors, qui ne tenaient jusqu'alors qu'une place secondaire, sont confiés à de grands peintres.

SCULPTURE & ARCHITECTURE

Qu'ont en commun la sculpture et l'architecture ? Le travail de la matière, de la pierre, immuable, ou presque. Même après que les civilisations ont disparu, ce sont les statues et les bâtiments qui perdurent pour témoigner de l'existence et de l'histoire de peuples qui ne sont plus. À l'instar du grand Brunelleschi en Italie ou de Pierre Puget en France, nombre d'architectes s'illustrèrent aussi dans la sculpture… De nos jours, les deux disciplines se sont définitivement affranchies l'une de l'autre, mais n'ont rien perdu de leur noblesse.

Solutions des quiz page 86

1 / Quel sculpteur a décoré le Parthénon à Athènes ?

a - Phidias ☐
b - Praxitèle ☐
c - Polyclète ☐
d - Dédale ☐

2 / Quelle est la statue la plus célèbre du sculpteur grec Myron, qui vivait au ve siècle avant notre ère ?

a - *La Terre* ☐
b - *L'Aurore* ☐
c - *La Victoire de Samothrace* ☐
d - *Le Discobole* ☐

3 / Quels matériaux composent une statue chryséléphantine ?

a - L'or et l'argent ☐
b - L'or et le bronze ☐
c - L'or et l'ivoire ☐
d - L'argent et l'ivoire ☐

4 / Dans quelle région d'Italie est né le grand peintre et sculpteur Michel-Ange ?

a - En Ombrie ☐
b - En Toscane ☐
c - En Vénétie ☐
d - Dans le Latium ☐

5 / Quel sculpteur, architecte et artiste du XVIIe siècle fut surnommé le « Michel-Ange français » ?

a - Pierre Puget ☐
b - François Mansart ☐
c - Pierre Lepautre ☐
d - Jean-Pierre Rivalz ☐

6 / Sur quel monument se trouve la *Marseillaise* du sculpteur François Rude ?

a - Le palais Bourbon ☐
b - L'Arc de Triomphe ☐
c - L'opéra Garnier ☐
d - Les Invalides ☐

7 / À quels bourgeois du XIVe siècle s'est attaché Auguste Rodin ?

a - Ceux de Bourges ☐
b - Ceux de Paris ☐
c - Ceux de Douvres ☐
d - Ceux de Calais ☐

8 / Le sculpteur Auguste Rodin a entretenu une passion tumultueuse avec son élève Camille Claudel. Celle-ci est :

a - La nièce de Paul Claudel ☐
b - La sœur de Paul Claudel ☐
c - La tante de Paul Claudel ☐
d - La mère de Paul Claudel ☐

LE MOT À REDÉCOUVRIR

PALLADIUM

Du nom de la statue de Pallas supposée assurer la sauvegarde de Troie, objet assurant la préservation de quelque chose.

9 / La chalcographie est l'art de graver sur

a - La pierre ☐
b - Le bronze ☐
c - Le cuir ☐
d - Le cuivre ☐

10 / *La Liberté éclairant le monde* de Frédéric Auguste Bartholdi est une statue à la gloire de l'indépendance américaine. La hauteur totale du monument est de 92,99 m. Quelle est la hauteur de la seule statue ?

a - 21,50 m ☐
b - 26,30 m ☐
c - 36,40 m ☐
d - 46,50 m ☐

11 / Jean-Baptiste Pigalle, dont le nom a été donné à un boulevard et à une station de métro à Paris était :

a - Un architecte ☐
b - Un peintre ☐
c - Un sculpteur ☐
d - Un graveur ☐

12 / Les *Compressions* sont des œuvres créées par

a - Daniel Buren ☐
b - Christo ☐
c - César ☐
d - Alberto Giacometti ☐

13 / En 1964, le ministre de la Culture André Malraux fit installer une vingtaine de sculptures d'Aristide Maillol dans un célèbre jardin parisien. Lequel ?

a - Le jardin du Luxembourg ☐
b - Le jardin des Tuileries ☐
c - Le parc des Buttes-Chaumont ☐
d - Le parc Montsouris ☐

14 / Qui a aménagé, en 1986, les plateaux du jardin du Palais-Royal, qui borde le Conseil constitutionnel, le Conseil d'État et le ministère de la Culture ?

a - Niki de Saint Phalle ☐
b - Daniel Buren ☐
c - Jean Dubuffet ☐
d - Christo ☐

15 / La cité nabatéenne de Pétra se trouve actuellement :

a - En Iran ☐
b - En Jordanie ☐
c - En Syrie ☐
d - En Israël ☐

16 / Les ordres hérités de l'Antiquité sont au fondement de l'architecture classique, car ils ont sans cesse été réutilisés par la suite, à des époques diverses et dans le monde entier. Par quoi se caractérise l'ordre dorique ?

a - Ses colonnes se composent d'un chapiteau à volutes, d'un fût orné de vingt-quatre cannelures et d'une base moulurée. ☐
b - Ses colonnes se caractérisent par leur chapiteau sans décor, par leur fût orné de vingt cannelures et n'ont pas de base. ☐
c - Ses colonnes très richement ornées sont surmontées d'un chapiteau décoré de deux rangées de feuilles d'acanthe. ☐
d - Ses colonnes sont dénuées de tout ornement. ☐

17 / Que sont des cariatides ?

a - Des sculptures d'animaux soutenant un entablement ☐
b - Des statues de femmes soutenant une corniche ☐
c - Des figures d'hommes soutenant une colonnade ☐
d - Des motifs végétaux entrelacés le long d'une colonne ☐

18 / Qui a conçu la double colonnade qui se trouve devant la basilique Saint-Pierre de Rome ?

a - Donatello ☐
b - Lorenzetto ☐
c - Le Pérugin ☐
d - Le Bernin ☐

LES GRANDS MOUVEMENTS

LA SCULPTURE GOTHIQUE

Alors que la sculpture romane est encore bien vivante, un art nouveau naît au cours du XIIe siècle, celui de la sculpture gothique, dont les formes longilignes sont une aspiration à l'élévation spirituelle, à un moment où les cathédrales se hissent elles aussi vers les sommets. À l'intérieur des églises, les personnages se dégagent de plus en plus des piliers et des colonnes sur lesquels ils étaient traditionnellement représentés. De nouvelles esthétiques s'imposent peu à peu, fondées sur une représentation plus délicate, dite maniériste.

LA SCULPTURE RÉALISTE

Au XIXe siècle, si le mouvement réaliste rencontre moins de succès dans la statuaire qu'en peinture ou qu'en littérature, il trouve néanmoins un grand représentant en la personne de Jules Dalou (1838-1902). Au Salon de 1870, celui-ci présente par exemple une *Brodeuse*, statue grandeur nature en vêtement contemporain. Il est aussi l'auteur de la fameuse statue de Victor Noir que l'on peut voir au cimetière du Père-Lachaise et du non moins célèbre *Buste de Delacroix*, exposé dans le musée consacré à cet artiste. Il est enfin l'auteur du *Triomphe de la République* qui domine la place de la République à Paris.

LES DATES À RETENIR

Vers 2500 av. J.-C.

Le *Scribe accroupi*

Création du fameux *Scribe accroupi*, découvert à Saqqarah, en Égypte, et conservé au musée du Louvre.

Vers 600 av. J.-C.

Les *Époux de Cerveteri*

Le *Sarcophage des Époux de Cerveteri*, réalisé en terre cuite et conservé au Louvre, est l'un des plus beaux témoignages de l'art étrusque qui nous soit parvenu.

1430-1432

David

Donatello réalise son *David*, sculpture considérée comme le premier grand bronze fondu depuis l'Antiquité, conservé au palais du Bargello, à Florence.

1833-1836

La *Marseillaise*

François Rude adopte le nu héroïque de la statuaire antique pour sa *Marseillaise* ornant l'Arc de Triomphe.

QUI EST

POLYCLÈTE

Figure du premier classicisme grec, Polyclète (480-420 av. J.-C.) travaille surtout le bronze et définit les proportions du corps masculin au travers de ce qu'on appelle un *canon*. La tête d'une sculpture doit représenter un huitième de l'ensemble du corps. Il a sculpté le *Doryphore*, guerrier portant son javelot, et le *Diadumène*, athlète dont le front est ceint d'une bandelette en signe de victoire.

QUI EST

ALEXANDER CALDER

Sans doute Alexander Calder (1898-1976) a-t-il inventé les formes les plus audacieuses, avec ses « mobiles » et autres œuvres au mouvement perpétuel. L'ingénieur rejoint les préoccupations de l'artiste. Dans le *Cirque de Calder*, des figurines réalisées en fil de fer jouent le rôle des forains, animées par Calder lui-même, sur un fond musical traditionnel du cirque.

LES DATES À RETENIR

- 2600

La pyramide de Khéops

C'est vers cette date que commence la construction de la pyramide de Khéops en Égypte.

1631

Le Taj Mahal

Début de la construction du Taj Mahal, à Agra, dans l'état de l'Uttar Pradesh, en Inde. Le bâtiment principal sera achevé en 1648.

1883

Le premier gratte-ciel

Le premier gratte-ciel est construit à Chicago. Il s'agit du Home Insurance Building, dont l'ossature est entièrement métallique.

LE MOT À REDÉCOUVRIR

VERNACULAIRE

Se dit d'une construction édifiée sans le concours d'un architecte.

19 / En architecture, qu'est-ce qu'un mascaron ?

a - Un évidement dans un mur destiné à abriter un monument funéraire ☐
b - Un montant de pierre divisant une fenêtre gothique ☐
c - Un ornement représentant une tête humaine, souvent dans un médaillon placé à la clef des arcs ☐
d - Un petit mur destiné à cacher une partie d'un monument ☐

20 / Lorsque Philippe II d'Espagne fit construire le palais d'Escurial, il souhaita que le plan des architectes soit inspiré par un instrument de supplice. Duquel s'agissait-il ?

a - Un gril ☐
b - Une croix ☐
c - Un pilori ☐
d - Une roue ☐

21 / Quelle est, dans le monde, la cathédrale dont la superficie intérieure est la plus grande, à savoir 30 000 m^2 ?

a - Saint-Pierre de Rome ☐
b - Le Dôme de Milan ☐
c - Notre-Dame de la Paix à Yamoussoukro en Côte d'Ivoire ☐
d - Saint-Patrick à New York ☐

22 / Quel grand architecte et sculpteur de la Renaissance italienne a jeté les bases de la perspective ?

a - Bramante ☐
b - Andrea Palladio ☐
c - Filippo Brunelleschi ☐
d - Leon Battista Alberti ☐

23 / Le terme rococo sert à désigner un style ornemental qui se développe au cours du XVIIIe siècle. Ce mot vient :

a - Du mot rocaille ☐
b - De Jean-Baptiste Corot ☐
c - De Francisco Rococo ☐
d - De Roco del Sarto ☐

24 / Qui consacra sa vie à la conception et à la réalisation, à Paris, du réseau urbain de lignes de chemin de fer à traction électrique, destiné au transport des voyageurs – autrement dit, le métro ?

a - Le baron Haussmann ☐
b - Fulgence Bienvenüe ☐
c - Raoul Dautry ☐
d - Auguste Perret ☐

25 / Quelle année vit l'épanouissement de ce que ses détracteurs ont appelé le « style nouille », autrement dit l'Art nouveau ?

a - 1890 ☐
b - 1900 ☐
c - 1910 ☐
d - 1920 ☐

26 / Quel architecte nous a laissé des bouches de métro de style Art nouveau, mais aussi le Castel Béranger à Auteuil ?

a - Émile Gallé ☐
b - Jacques Gruber ☐
c - Hector Guimard ☐
d - Henri Sauvage ☐

27 / Quelle année vit l'épanouissement de l'Art déco ?

a - 1920 ☐
b - 1923 ☐
c - 1925 ☐
d - 1929 ☐

28 / Le pont du Golden Gate, qui s'élève à 69 m au-dessus du niveau de la mer, avec une portée entre ses deux piles de 1 280 m se trouve à :

a - Los Angeles ☐
b - San Francisco ☐
c - New York ☐
d - Boston ☐

29 / Qui est l'auteur de cette phrase : « Restaurer un édifice, ce n'est pas l'entretenir, le réparer ou le refaire, c'est le rétablir dans un état complet qui peut n'avoir jamais existé à un moment donné. »

a - Anatole de Baudot ☐
b - Prosper Mérimée ☐
c - Eugène Viollet-le-Duc ☐
d - Alexandre Du Sommerard ☐

30 / Le Corbusier a créé de toutes pièces la ville de Chandigarh, capitale de l'État du Pendjab. Quel architecte a construit, au centre du Brésil, la nouvelle capitale de ce pays, Brasilia ?

a - Ludwig Mies van der Rohe ☐
b - Oscar Niemeyer ☐
c - Bernard Zehrfuss ☐
d - Jean Nouvel ☐

31 / Qui a construit en 1989, la pyramide du Louvre à Paris ?

a - Ieoh Ming Pei ☐
b - Christian de Portzamparc ☐
c - Zaha Hadid ☐
d - Dominique Perrault ☐

32 / Quel architecte a construit le musée du quai Branly à Paris ?

a - Jean Nouvel ☐
b - Antoni Gaudí ☐
c - Claude Parent ☐
d - Jean-Michel Wilmotte ☐

33 / Quel bâtiment parisien a été dessiné par les architectes Renzo Piano et Richard Rogers ?

a - L'opéra Bastille ☐
b - Le centre Georges Pompidou ☐
c - L'Arc de Triomphe ☐
d - La Bibliothèque nationale ☐

34 / Qui est l'architecte de la Cinémathèque française, située à Paris, dans le quartier de Bercy ?

a - Frank Gehry ☐
b - Mario Botta ☐
c - Dominique Perrault ☐
d - Jean-Michel Wilmotte ☐

35 / Quelle était la nationalité de l'architecte de la Grande Arche de La Défense ?

a - Suédois ☐
b - Danois ☐
c - Norvégien ☐
d - Islandais ☐

36 / Le prix Pritzker récompense chaque année depuis 1979 un architecte. Il est considéré comme le Nobel d'architecture. Quel est le dernier Français à l'avoir reçu ?

a - Jean Nouvel ☐
b - Christian de Portzamparc ☐
c - Jean-Michel Wilmotte ☐
d - Roland Castro ☐

UNE BELLE EXPRESSION

SE PORTER COMME LE PONT-NEUF

Le Pont-Neuf, comme son nom ne l'indique pas, est le plus vieux pont de Paris. Sa construction, de 1578 à 1607, fut une véritable révolution. Toutes les passerelles qui reliaient les îles de la Seine à la terre ferme étaient alors en bois, jetées sur le fleuve par de simples charpentiers. Elles étaient recouvertes de maisons et de boutiques, qui rendaient ces édifices très fragiles. Il suffisait d'une crue, d'un incendie ou d'un accident sur le fleuve pour provoquer une catastrophe. Le Pont-Neuf est un pont en pierre, conçu par des architectes et uniquement destiné à la circulation. Il a ainsi pu traverser les siècles, et l'on comprend qu'une personne d'âge mûr et néanmoins en pleine forme puisse se porter, dans l'esprit des Français, aussi bien que le Pont-Neuf.

LE COLISÉE

Vespasien ordonne la construction du Colisée de Rome, plus vaste amphithéâtre au monde, en 72 après J.-C. ; il sera terminé sous son fils Titus en 80. D'une superficie de plus de deux ha, il accueille jusqu'à 50 000 spectateurs. Le rez-dechaussée comprend 80 arcs, la partie centrale, réservée aux combattants, étant entourée de gradins, divisés en galeries concentriques. L'arène, à elle seule, mesure 86 m sur 54. Le Colisée était destiné aux jeux de gladiateurs, aux combats d'animaux, et il était même possible d'y reconstituer des batailles navales ! Lors de son inauguration, qui dura 100 jours, 2 000 gladiateurs y perdirent la vie, ainsi que 9 000 animaux importés de l'Empire.

LES GRANDS MOUVEMENTS

LE MODERN STYLE

Des années 1880 jusqu'aux dix premières années du XXe siècle domine un courant qui prend différents noms selon les pays : *Modern Style* en Angleterre, *Art nouveau* en France, *Jugendstil* en Allemagne, *Floreale* en Italie. Le mouvement part d'Angleterre, où William Morris (1834-1896) crée les conditions pratiques et théoriques de son essor. Le Modern Style est un art de grandes villes. Londres est dominé par le style de Morris, qui recherche la tradition de l'artisanat médiéval. À Paris, Hector Guimard (1867-1942) réalise la maison Coilliot, à Barcelone, Antoni Gaudí (1852-1926) crée sa *Sagrada Familia*, à Bruxelles, Victor Horta (1861-1947), qui a recours au métal et au verre, s'inspire des lignes sinueuses des végétaux pour la Maison du peuple (1899) désormais détruite.

LE BAUHAUS

Des architectes d'avant-garde installés à Berlin, avaient utilisé dès 1918 des matériaux comme l'acier et le verre, dépourvus de références stylistiques, mais avec des formes géométriques. Le *Bauhaus*, fondé par Walter Gropius (1883-1969) en 1919, à Weimar, regroupe l'école des Beaux-Arts et l'école des arts décoratifs de la ville.
Son programme consiste à réunir les arts, l'artisanat et l'industrie. Les matériaux les plus modernes sont choisis.

PHOTO & CINÉMA

Si l'invention de la photographie, en 1826, a été une véritable révolution résultant d'observations et d'expériences scientifiques, elle s'imposa ensuite comme une véritable forme d'expression artistique et est aujourd'hui reconnue comme telle. Tout comme le cinéma – que l'on appelle d'ailleurs le 7e art et qui est une porte ouverte à tous les univers rêvés ou redoutés. Mais c'est aussi une pratique professionnelle exigeante, qui requiert des connaissances et des compétences techniques pointues et développées.

Solutions des quiz page 87

LA NAISSANCE DE LA PHOTOGRAPHIE

Nicéphore Niépce invente la photographie au début du XIXe siècle. L'image fixe existe, et le rêve d'une image animée commence... Les recherches en ce domaine aboutissent à l'invention de la pellicule et de la caméra en 1883, et de l'appareil de projection à partir de 1888.
Mais les vrais inventeurs du cinématographe sont les frères Louis (1864-1948) et Auguste (1862-1954) Lumière, grâce à leur caméra-projecteur de 1895. C'est la naissance de l'appareil de tournage et de projection, et les premiers films réalisés sont projetés en public.

LES DATES À RETENIR

1839

Le Daguerréotype

Le 7 janvier, le daguerréotype, ancêtre de la photographie, est officiellement présenté à l'Académie des sciences.

1888

La pellicule

Invention du film souple transparent, autrement dit la pellicule, par l'Américain John Carbutt.

1981

Sony

Sony présente le premier appareil photo numérique, le Mavica, nom dérivé de « Magnetic Video Camera ».

1 / Qui a été le premier à prendre une photographie aérienne ?

- **a -** Étienne-Jules Marey ☐
- **b -** Louis Daguerre ☐
- **c -** Nicéphore Niépce ☐
- **d -** Félix Nadar ☐

2 / L'autochrome, breveté en 1903, est la première technique de photographie en couleur. Qui en est l'inventeur ?

- **a -** Thomas Edison ☐
- **b -** Les frères Lumière ☐
- **c -** J. G. Capstaff ☐
- **d -** Rudolf Fischer ☐

3 / Quel philosophe a dit : « La photographie est une brève complicité entre la prévoyance et le hasard » ?

- **a -** John Stuart Mill ☐
- **b -** Friedrich Nietzsche ☐
- **c -** Henri Bergson ☐
- **d -** Henri Cartier-Bresson ☐

4 / Ce célèbre photographe de guerre est l'auteur du cliché *Mort d'un soldat républicain*, pendant la guerre civile espagnole. Qui est-il ?

- **a -** Robert Capa ☐
- **b -** Henri Cartier-Bresson ☐
- **c -** Brassaï ☐
- **d -** André Kertész ☐

5 / Quel photographe s'est rendu célèbre par ses clichés de Paris pris de nuit dans les années 1930 ?

- **a -** David Seymour ☐
- **b -** Helmut Newton ☐
- **c -** David Hamilton ☐
- **d -** Brassaï ☐

6 / *Le Baiser de l'Hôtel de ville* est un cliché de :

- **a -** Man Ray ☐
- **b -** Henri Cartier-Bresson ☐
- **c -** Maurice Tabard ☐
- **d -** Robert Doisneau ☐

7 / Quel critique littéraire a consacré à la photographie en 1980 un ouvrage intitulé *La Chambre claire* ?

- **a -** Roland Barthes ☐
- **b -** Antoine Compagnon ☐
- **c -** Raymond Picard ☐
- **d -** Gérard Genette ☐

8 / En 2012, qui a réalisé le portrait officiel du président de la République François Hollande ?

- **a -** Bettina Rheims ☐
- **b -** Raymond Depardon ☐
- **c -** Gisèle Freund ☐
- **d -** Jacques-Henri Lartigue ☐

9 / Une seule de ces artistes n'est pas photographe. Laquelle ?

- **a -** Tina Modotti ☐
- **b -** Sophie Calle ☐
- **c -** Berenice Abbott ☐
- **d -** Tamara de Lempicka ☐

10 / Quelle est la capitale du cinéma indien ?

a - New Delhi ☐
b - Madras ☐
c - Calcutta ☐
d - Bombay ☐

11 / En quelle année a eu lieu la première projection publique payante d'un film ?

a - En 1880 ☐
b - En 1895 ☐
c - En 1900 ☐
d - En 1910 ☐

12 / Lequel de ces procédés n'est pas une technique ancêtre du cinéma ?

a - Le phénakistiscope ☐
b - La lanterne magique ☐
c - Le graphomètre ☐
d - Le fusil photographique ☐

13 / Où étaient situés les premiers studios américains de cinéma d'importance nationale ?

a - Los Angeles ☐
b - New York ☐
c - Chicago ☐
d - Hollywood ☐

14 / Combien d'images par seconde comportent les films argentiques depuis l'apparition du parlant ?

a - 16 ☐
b - 24 ☐
c - 36 ☐
d - 48 ☐

15 / Quand les Oscars du cinéma ont-ils été créés à Los Angeles ?

a - En 1910 ☐
b - En 1915 ☐
c - En 1920 ☐
d - En 1929 ☐

16 / En quelle année les studios de Cinecittà, à Rome, ont-il été inaugurés ?

a - En 1929 ☐
b - En 1933 ☐
c - En 1937 ☐
d - En 1946 ☐

17 / Comment s'appelle le code de censure appliqué aux États-Unis de 1934 à 1960 ?

a - Le code McCarthy ☐
b - La chasse aux sorcières ☐
c - Le code pudique n°1 ☐
d - Le code Hays ☐

18 / Comment appelle-t-on la brève apparition du réalisateur dans un film ?

a - Une révélation ☐
b - Un caméo ☐
c - Un flash ☐
d - Une image subliminale ☐

19 / Qu'est-ce qu'un « plan américain » ?

a - Un plan d'ensemble ☐
b - Un gros plan ☐
c - Une manière de cadrer un personnage à mi-cuisse ☐
d - Un plan tourné sous l'eau ☐

20 / Qu'est-ce qu'un champ-contrechamp ?

a - Le montage alterné des actions de deux personnages dans des pièces différentes au même moment ☐
b - Un plan en plongée ☐
c - Un plan en contre-plongée ☐
d - Une technique qui consiste à filmer une scène sous un angle donné, puis à filmer la même scène sous un angle opposé ☐

LES GRANDS MOUVEMENTS

L'EXPRESSIONNISME ALLEMAND

Emblématique du cinéma muet, l'expressionnisme cinématographique participe de la volonté de rénovation de l'art qui parcourt la peinture, l'architecture et la littérature au lendemain de la Première Guerre mondiale. Et ce sont les Allemands qui donnent au cinéma ses lettres de noblesse. L'expressionnisme y explore les tréfonds reculés de l'âme, le trouble des personnalités. La folie et le monstrueux en sont des thèmes récurrents. *Le Cabinet du docteur Caligari* (1920) de Robert Wiene ou *Nosferatu le Vampire* (1922) de Friedrich Wilhelm Murnau en sont des œuvres emblématiques. Considéré comme un art dégénéré par les nazis, l'expressionnisme disparaît au début des années 1930.

LA NOUVELLE VAGUE

Au tournant des années 1950 et 1960 apparaît en France un courant de jeunes cinéastes défendant un cinéma d'auteur où le réalisateur prime sur le scénariste, où le film doit davantage exprimer une vision personnelle du monde que raconter une histoire. Il y a là une volonté délibérée de rupture. C'est un cinéma qui se veut proche des attentes d'une jeunesse encore bridée avant le mouvement de 1968, dans le difficile passage à l'âge adulte. Retenons *Le Beau Serge* (1958) de Claude Chabrol, *Les Quatre Cents Coups* (1959) de François Truffaut ou *À bout de souffle* (1960) de Jean-Luc Godard.

HOLLYWOOD

C'est sur les coteaux des plus célèbres collines du monde, à Hollywood, en Californie, que le cinéma entre pleinement dans l'âge moderne. Durant l'entre-deux-guerres, sous l'impulsion des patrons tyranniques des grands studios (futures *majors*), l'art épouse définitivement les affaires. Pour le pire, mais aussi pour le meilleur. Marquée par l'apparition du *star system*, qui promeut les vedettes de cinéma et les films comme n'importe quel produit de consommation courante, cette époque dorée du cinéma américain voit fleurir de très nombreuses personnalités de talent, telles qu'Ernst Lubitsch, Frank Capra ou John Ford, côté réalisateurs, et Humphrey Bogart, Greta Garbo ou Marilyn Monroe, côté acteurs.

L'ŒUVRE INCONTOURNABLE

ROME, VILLE OUVERTE

Tourné en 1945 par Roberto Rossellini dans une ville dévastée, *Rome, ville ouverte* mêle comédiens véritables et passants de rencontre confrontés à un moment de vie sans espoir. L'action se déroule à Rome pendant l'hiver 1944 et la drogue, la violence, la torture y sont le quotidien. Initialement prévu pour être un documentaire, fondé en partie sur des événements réels, réalisé deux mois seulement après la libération de Rome, ce film est considéré comme l'acte de naissance du néoréalisme italien.

LES DATES À RETENIR

1889

Charlie Chaplin

Naissance de Charles Spencer, dit Charlie Chaplin, le 16 avril en Angleterre.

1933

Carioca

Sortie de *Carioca*, de Thornton Freeland, premier film à réunir le duo mythique formé par Fred Astaire et Ginger Rogers.

1941

Greta Garbo

Sortie de *La Femme aux deux visages*, de George Cukor, le dernier film dans lequel tourna La Divine.

1960

La Dolce Vita

La Dolce Vita, de Federico Fellini, remporte la palme d'or de la 13e édition du festival de Cannes.

21 / Qu'est-ce qu'un montage parallèle ?

a - Le montage de deux scènes qui se déroulent dans une continuité temporelle ☐
b - Le montage de deux scènes, avec souvent deux personnages, se faisant face ☐
c - Le montage, mettant en rapport deux éléments différents, sans simultanéité temporelle, pour produire un effet de comparaison ☐
d - Un fondu enchaîné ☐

22 / Dans le vocabulaire du cinéma, qu'est-ce qu'un panoramique horizontal ?

a - Un type spécifique de gros plan ☐
b - Un mouvement de rotation de la caméra sur son axe, de gauche à droite ou inversement ☐
c - Un déplacement de la caméra au cours de la prise de vues ☐
d - Un plan pris avec la caméra posée sur l'épaule ☐

23 / Ce cinéphile passionné est le père fondateur de la Cinémathèque française. De qui s'agit-il ?

a - Marcel Carné ☐
b - Henri Langlois ☐
c - Louis Malle ☐
d - Luc Besson ☐

24 / Lequel de ces cinéastes a réalisé en 1902 *Le Voyage dans la lune* où la lune, au visage humain, reçoit une fusée dans l'œil ?

a - Louis Lumière ☐
b - Georges Méliès ☐
c - Thomas Edison ☐
d - Louis Feuillade ☐

25 / Lequel de ces films n'est pas l'œuvre des frères Lumière ?

a - *L'Arrivée d'un train en gare de La Ciotat* ☐
b - *L'Arroseur arrosé* ☐
c - *Le Voyage à travers l'impossible* ☐
d - *Le Repas de bébé* ☐

26 / Ce film est l'un des premiers longs-métrages documentaires à connaître un succès mondial. Quel est son titre ?

a - *Nanouk l'Esquimau* de Robert Flaherty ☐
b - *Le Monde du silence* de Jacques-Yves Cousteau et Louis Malle ☐
c - *Nuit et Brouillard* d'Alain Resnais ☐
d - *Buena Vista Social Club* de Wim Wenders ☐

27 / Qui a réalisé *Faust, une légende allemande* en 1922 ?

a - Tod Browning ☐
b - Friedrich Wilhelm Murnau ☐
c - Fritz Lang ☐
d - Rainer Werner Fassbinder ☐

28 / Quel est le premier film parlant de l'histoire du cinéma ?

a - *Chantons sous la pluie* ☐
b - *Le Chanteur de jazz* ☐
c - *Autant en emporte le vent* ☐
d - *Citizen Kane* ☐

29 / Quel est l'acteur principal de *M le maudit* de Fritz Lang ?

a - Erich von Stroheim ☐
b - Josef von Sternberg ☐
c - Peter Lorre ☐
d - Emil Jannings ☐

30 / Quel acteur interprète le clochard dans *Boudu sauvé des eaux* de Jean Renoir (1894-1979) ?

a - Michel Simon ☐
b - Raimu ☐
c - Jean Renoir ☐
d - Jacques Brunius ☐

31 / En quelle année le film d'Orson Welles, *Citizen Kane*, est-il sorti sur les écrans ?

a - 1933 ☐
b - 1952 ☐
c - 1941 ☐
d - 1945 ☐

32 / Le réalisateur de *La Nuit du chasseur* était un acteur de théâtre qui n'a réalisé qu'un seul film. Quel est son nom ?

a - Robert Mitchum ☐
b - Charles Laughton ☐
c - Burt Lancaster ☐
d - Frank Capra ☐

33 / Lequel de ces films comprend une célèbre partie de chasse en Sologne ?

a - *Le Sang des bêtes* ☐
b - *Le Déjeuner sur l'herbe* ☐
c - *Une partie de campagne* ☐
d - *La Règle du jeu* ☐

34 / En 1955, qui a réalisé *Le Mystère Picasso* dans lequel l'artiste qui donne son nom au documentaire peint sur des plaques de verre ?

a - Sacha Guitry ☐
b - Jean-Luc Godard ☐
c - Jean Cocteau ☐
d - Henri-Georges Clouzot ☐

35 / Dans quel film Marilyn Monroe (1926-1962) chante-t-elle « I wanna be loved by you », que clôt le fameux « Poupoupidou » ?

a - *Rivière sans retour* d'Otto Preminger ☐
b - *Les Hommes préfèrent les blondes* de Howard Hawks ☐
c - *Quand la ville dort* de John Huston ☐
d - *Certains l'aiment chaud* de Billy Wilder ☐

36 / Quel film d'Alfred Hitchcock se passe dans un hôpital psychiatrique et présente une scène de rêve conçue par Salvador Dalí ?

a - *Psychose* ☐
b - *La Maison du docteur Edwards* ☐
c - *Pas de printemps pour Marnie* ☐
d - *Les Oiseaux* ☐

37 / Quel est le titre du premier long-métrage de Jean-Luc Godard (né en 1930) ?

a - *Le Mépris* ☐
b - *Masculin féminin* ☐
c - *Pierrot le fou* ☐
d - *À bout de souffle* ☐

LE MOT À REDÉCOUVRIR

GIRAFE

Perche reposant sur un support à roues, à l'extrémité de laquelle est fixé un micro destiné à enregistrer le son pendant la prise de vue.

38 / Quel cinéaste interprète le rôle du réalisateur dans *Le Mépris* de Jean-Luc Godard, en 1963 ?

a - Orson Welles ☐
b - Alfred Hitchcock ☐
c - Otto Preminger ☐
d - Fritz Lang ☐

39 / Lequel de ces films est composé entièrement d'images fixes, même si la caméra se déplace, à l'exception d'un seul plan ?

a - *L'Année dernière à Marienbad* d'Alain Resnais ☐
b - *La Sirène du Mississippi* de François Truffaut ☐
c - *Made in USA* de Jean-Luc Godard ☐
d - *La Jetée* de Chris Marker ☐

LE FESTIVAL DE BERLIN

Le festival de Berlin, qui se tient chaque année au mois de février, est créé en 1951, après la séparation de l'Allemagne en deux États, la République fédérale d'Allemagne (RFA) à l'ouest, et la République démocratique d'Allemagne, à l'est. Les alliés, qui occupent Berlin-Ouest par secteurs, fondent ce festival afin d'en faire une vitrine du monde libre. La première édition fit son ouverture avec *Rebecca* d'Alfred Hitchcock.

UN GENRE INOUBLIABLE

LE WESTERN

Son action se déroule au XIXe siècle en Amérique du Nord, essentiellement au moment de la conquête de l'Ouest. Le tout premier est *The Great Train Robbery* (*Le Vol du grand rapide*, 1903). Les années fastes du genre se situent entre 1930 et 1960, avec notamment *La Chevauchée fantastique* (1939), *Le train sifflera trois fois* (1952), *Règlements de comptes à O.K. Corral* (1957), *Les Sept Mercenaires* (1960), *Rio Bravo* (1959). Le nom de certains acteurs est définitivement lié au western comme ceux de John Wayne (1907-1979), Henry Fonda (1905-1982) ou Gary Cooper (1901-1961).

L'ŒUVRE INCONTOURNABLE

TITANIC

Non seulement *Titanic* (1997) de James Cameron a obtenu onze oscars, mais il a déclenché une véritable vague d'émotion qui a poussé certains spectateurs à le voir plus de trente fois ! L'histoire d'amour qu'il raconte est celle de deux amants séparés par le statut social (figuré par le pont des premières classes et celui des immigrants partis chercher fortune en Amérique). Chef-d'œuvre d'effets spéciaux, de scènes spectaculaires et de reconstitutions soignées, *Titanic* mêle adroitement les arcanes du film catastrophe et les élans émotionnels du drame sentimental.

BOLLYWOOD

Le plus gros producteur de films au monde ? Non, ce ne sont pas les États-Unis, mais l'Inde, avec plus de mille films produits par an ! Désormais passée dans le langage courant, l'expression « Bollywood » est la contraction de « Bombay » et « Hollywood ». Son genre dominant repose sur des intrigues sentimentales se terminant bien, accompagnés d'intermèdes de chants et danses traditionnels. La très riche mythologie indienne, relatant les exploits des dieux, remporte aussi un vif succès. Il faut assister à une séance de cinéma en Inde, dans un quartier populaire : le spectacle est aussi dans la salle, avec les chants repris en chœur, les méchants hués et les héros largement applaudis, le tout dans un incessant va-et-vient, puisque l'on mange sur place, les films pouvant durer jusqu'à 5 heures !

LE RENOUVEAU D'UN GENRE

LE PÉPLUM

Le péplum (« tunique » en latin) fait revivre l'Antiquité. Ce genre date du temps du cinéma muet et son âge d'or se situe dans les années 1950 et 1960. L'Italie s'en est fait une spécialité, mais les Américains ne sont pas en reste, avec notamment *Les Dix Commandements* (1956) de Cecil B. DeMille ou *Ben Hur* (1959) de William Wyler. Après un temps d'oubli, il connaît un renouveau avec la sortie de *Gladiator* (2000) de Ridley Scott ou *Troie* (2004) de Wolfgang Petersen.

40 / Quand est sorti *Le Corbeau* de Henri-Georges Clouzot ?

a - 1938 ☐
b - 1943 ☐
c - 1950 ☐
d - 1960 ☐

41 / Quel est le titre du film japonais dans lequel un crime est montré selon quatre points de vue différents, dont celui du meurtrier ?

a - *Rashōmon* d'Akira Kurosawa ☐
b - *Nuages flottants* de Mikio Naruse ☐
c - *Le Goût du saké* de Yasujiro Ozu ☐
d - *La Ballade de Narayama* de Shohei Imamura ☐

42 / Quelle est la musique qui accompagne l'attaque des hélicoptères au Viêt Nam dans *Apocalypse Now* de Francis Ford Coppola ?

a - *Don Giovanni* de Wolfgang Amadeus Mozart ☐
b - *La Jeune Fille et la Mort* de Franz Schubert ☐
c - *La Symphonie héroïque* de Ludwig van Beethoven ☐
d - *La Chevauchée des Walkyries* de Richard Wagner ☐

43 / Quel film raconte les aventures d'une chanson qui connut un immense succès auprès des Allemands, puis des Américains pendant la Seconde Guerre mondiale ?

a - *To be or not to be* d'Ernst Lubitsch ☐
b - *Tant qu'il y aura des hommes* de Fred Zinnemann ☐
c - *Les Ailes du désir* de Wim Wenders ☐
d - *Lili Marleen* de Rainer Werner Fassbinder ☐

44 / Quel réalisateur a tourné un film documentaire sur la campagne présidentielle de Valéry Giscard d'Estaing intitulé *1974, une partie de campagne* ?

a - Raymond Depardon ☐
b - Nicolas Philibert ☐
c - Georges Rouquier ☐
d - Jean-Luc Godard ☐

45 / Ingmar Bergman (1918-2007) était un cinéaste…

a - Danois ☐
b - Allemand ☐
c - Suédois ☐
d - Norvégien ☐

46 / Le cinéma met souvent en scène le voyeurisme, interrogeant ainsi la position du spectateur. Tous les films suivants le prennent pour thème, sauf un. Lequel ?

a - *Blow up* de Michelangelo Antonioni ☐
b - *Les Yeux noirs* de Nikita Mikhalkov ☐
c - *Fenêtre sur cour* d'Alfred Hitchcock ☐
d - *Lola Montès* de Max Ophuls ☐

47 / Jacques Prévert (1900-1977) a écrit le scénario de ce dessin animé. Quel est son titre ?

a - *Alice au pays des merveilles* ☐
b - *La Planète sauvage* ☐
c - *Les Maîtres du temps* ☐
d - *Le Roi et l'Oiseau* ☐

48 / Comment se nomme le réalisateur de *Boy Meets Girl* ?

a - Leos Carax ☐
b - Arnaud Desplechin ☐
c - Luc Besson ☐
d - Abdellatif Kechiche ☐

49 / Quel film du Danois Lars von Trier (né en 1956) représente la fin du monde ?

a - *Dancer in the Dark* ☐
b - *Nymphomaniac* ☐
c - *Melancholia* ☐
d - *Breaking the Waves* ☐

50 / Qui a réalisé le film *Lost in Translation*, sorti sur les écrans en 2003, dont l'action se passe dans un grand hôtel de Tokyo ?

a - Abel Ferrara ☐
b - Tim Burton ☐
c - Sofia Coppola ☐
d - John Woo ☐

51 / Dans quelle ville vit Batman ?

a - Chicago ☐
b - Gotham City ☐
c - Pittsburg ☐
d - Pleasantville ☐

52 / En 2008, Marion Cotillard a remporté l'Oscar de la meilleure actrice pour *La Môme*. Quelle actrice française avait, avant elle, reçu cette distinction ?

a - Juliette Binoche ☐
b - Isabelle Adjani ☐
c - Simone Signoret ☐
d - Michèle Morgan ☐

53 / Quel film pouvant être regardé en 3D a reçu l'Oscar des meilleurs effets visuels en 2010 ?

a - *Inception* ☐
b - *Avatar* ☐
c - *Gravity* ☐
d - *Titanic* ☐

54 / Quel film d'Abdellatif Kechiche (né en 1960) a reçu la Palme d'or à Cannes en 2013 ?

a - *L'Esquive* ☐
b - *La Graine et le Mulet* ☐
c - *La Vénus noire* ☐
d - *La Vie d'Adèle* ☐

55 / Le film *Gandhi* (1982) de Richard Attenborough détient le record du nombre de figurants. De combien est-il ?

a - 100 000 ☐
b - 200 000 ☐
c - 300 000 ☐
d - 400 000 ☐

56 / Combien d'adaptation cinématographique de Dracula dénombre-t-on à ce jour ?

a - 158 ☐
b - 272 ☐
c - 384 ☐
d - 402 ☐

57 / En quelle année l'Italien Nanni Moretti acquiert-il une renommée internationale en recevant le Prix de la mise en scène au Festival de Cannes pour *Journal intime* ?

a - En 1992 ☐
b - En 1994 ☐
c - En 1996 ☐
d - En 2000 ☐

58 / Quel film du réalisateur Xavier Dolan est adapté de la pièce de théâtre éponyme de Jean-Luc Lagarce ?

a - *Mommy* ☐
b - *Juste la fin du monde* ☐
c - *Les amours imaginaires* ☐
d - *Laurence Anyways* ☐

59 / Quel film s'est vu décerner le César du meilleur film en 2019 ?

a - *Jusqu'à la garde* de Xavier Legrand ☐
b - *Le Grand Bain* de Gilles Lellouche ☐
c - *Guy* d'Alex Lutz ☐
d - *En Liberté* de Pierre Salvadori ☐

LE TERME À REDÉCOUVRIR

LA NUIT AMÉRICAINE

Technique consistant à tourner une scène de nuit en plein jour grâce à des filtres spéciaux.

LES DATES À RETENIR

1966

La Grande Vadrouille

Sortie de *La Grande Vadrouille* de Gérard Oury qui, avec plus de 17 millions de spectateurs en salle, est resté pendant plusieurs décennies le plus grand succès du cinéma français.

1989

Femmes au bord de la crise de nerfs

Sortie de *Femmes au bord de la crise de nerfs*, de Pedro Almodóvar, récompensé par 5 Goyas du cinéma, équivalents espagnols des Césars.

2008

Bienvenue chez les Ch'tis

Sortie de *Bienvenue chez les Ch'tis*, de Dany Boon, qui détrône *La Grande Vadrouille* avec plus de 20 millions d'entrées !

2016

Alejandro Gonzalez Iñárritu

Pour la deuzième année consécutive, le réalisateur mexicain, né en 1963, reçoit l'Oscar du meilleur réalisateur, pour son film *The Revenant*.

S
T
&

SCIENCES & TECHNIQUES

PHYSIQUE & CHIMIE

La physique et la chimie constituent un domaine mystérieux, voire un peu effrayant, réservé, croyons-nous trop souvent, à un groupe restreint d'initiés capables d'en déchiffrer le langage abstrait. Leurs applications sont pourtant bien concrètes : de multiples techniques nous permettent, chaque jour davantage, de transformer ou d'utiliser à notre profit le monde qui nous entoure !

Solutions des quiz page 88

1 / Le micron est une unité :

a - De volume ☐
b - De longueur ☐
c - De pression ☐
d - De vitesse ☐

2 / Le joule est une unité de :

a - Travail, énergie et chaleur ☐
b - Intensité électrique ☐
c - Teneur en sucre des aliments ☐
d - Pression atmosphérique ☐

3 / L'unité de résistance électrique est :

a - Le watt ☐
b - L'ampère ☐
c - L'ohm ☐
d - Le volt ☐

4 / Le galvanomètre sert à mesurer :

a - La force d'un courant marin ☐
b - De faibles courants électriques ☐
c - La vitesse du vent ☐
d - L'intensité des marées ☐

5 / À quoi sert un synchrotron ?

a - À mesurer la radioactivité ☐
b - À accélérer les particules ☐
c - À mesurer le poids atomique d'un élément ☐
d - À compter les électrons ☐

6 / Qu'est-ce que le baud ?

a - Une unité informatique ☐
b - L'espèce principale des baudets ☐
c - Une pièce de maçonnerie ☐
d - Un hydrocarbure ☐

7 / Que signifie le préfixe « téra » ?

a - 10^3 ☐
b - 10^6 ☐
c - 10^{12} ☐
d - 10^{24} ☐

8 / Par combien multiplie-t-on une unité en lui ajoutant le préfixe « déca » ?

a - 5 ☐
b - 10 ☐
c - 20 ☐
d - 100 ☐

9 / Le principe de fonctionnement des lampes à incandescence repose sur la loi :

a - De supériorité thermique de l'électricité ☐
b - D'équivalence nucléaire de l'électricité ☐
c - D'équivalence thermique de l'électricité ☐
d - D'équivalence atomique de l'électricité ☐

10 / Parmi ces unités d'optique, laquelle permet de mesurer l'intensité lumineuse ?

a - Le lumen ☐
b - Le candela ☐
c - Le lux ☐
d - La dioptrie ☐

11 / Quel gaz n'appartient pas au groupe des six gaz dits « rares » ?

a - L'hélium ☐
b - Le krypton ☐
c - Le xénon ☐
d - Le méthane ☐

12 / Quel corps a pour formule C_6H_6 ?

a - Le cyclohexane ☐
b - L'aniline ☐
c - Le phénol ☐
d - Le benzène ☐

13 / Quand la France a-t-elle reçu pour la dernière fois le prix Nobel de physique ?

a - En 2003 ☐
b - En 2007 ☐
c - En 2016 ☐
d - En 2018 ☐

14 / D'où vient le nom « eau de Javel » ?

a - Du nom de son inventeur ☐
b - Du lieu où elle était produite ☐
c - Du nom de celui qui l'a commercialisée ☐
d - C'est l'acronyme correspondant aux éléments entrant dans sa composition ☐

15 / Quel est le symbole chimique de l'or ?

a - Or ☐
b - Ag ☐
c - Au ☐
d - Hor ☐

16 / Quel élément chimique a pour symbole « Cr » ?

a - Le cuivre ☐
b - Le calcium ☐
c - Le chrome ☐
d - Le carbone ☐

17 / Quel élément chimique a pour symbole « Zn » ?

a - Le zinc ☐
b - Le zirconium ☐
c - L'azote ☐
d - L'étain ☐

18 / En chimie, comment appelle-t-on le passage direct d'un corps à l'état gazeux, sans passer par l'état liquide ?

a - L'évaporation ☐
b - La sublimation ☐
c - La solidification ☐
d - La liquéfaction ☐

19 / Quel composant chimique, découvert en 1669, est indispensable à la fabrication des allumettes ?

a - Le phosphore ☐
b - L'azote ☐
c - Les phosphates ☐
d - Le mercure ☐

20 / Je fonds à 1 063 °C. Je suis :

a - L'or ☐
b - Le plomb ☐
c - Le cuivre ☐
d - L'étain ☐

21 / À quoi sert un compteur Geiger ?

a - À estimer le niveau d'activité d'un volcan ☐
b - À mesurer le niveau de la mer ☐
c - À mesurer la force des vents ☐
d - À quantifier la radioactivité d'une substance ☐

LES GRANDES NOTIONS

LA POUSSÉE D'ARCHIMÈDE

Eurêka ! Nous avons tous en tête l'anecdote plaisante du savant Archimède (287-212 av. J.-C.) se précipitant hors de son bain en criant victoire. Elle doit être fausse, mais l'invention du principe ne l'est pas. Archimède établit les bases de la mécanique des fluides en étudiant les lois de la poussée de l'eau sur un corps complètement immergé. Il pose deux principes qu'il donne pour expérimentaux. Selon le premier, la pression dans un fluide est déterminée par le poids de la colonne verticale au-dessus de la surface pressée. Le second dit que la force de pression s'exerce perpendiculairement vers le centre de gravité. Telle est l'origine de la célèbre proposition « tout corps plongé dans l'eau est poussé vers le haut avec une force égale au poids du fluide déplacé ».

LA RADIOACTIVITÉ

Le 2 avril 1896, le scientifique français Henri Becquerel (1852-1908) observe le noircissement de plaques photographiques neuves, encore emballées. Elles avaient pourtant été rangées dans l'obscurité, mais dans le même tiroir que des minéraux, riches en uranium. Becquerel en déduit que les sels d'uranium émettent en continu et sans la moindre haute tension un rayonnement nouveau. Pierre Curie puis son épouse, Marie, s'attacheront à étudier ce phénomène, que Marie Curie baptisera « radioactivité ».

LES DATES À RETENIR

1687

Isaac Newton

Newton publie les *Principes mathématiques de philosophie naturelle*, ouvrage dans lequel il formule la loi de la gravitation universelle.

1743

Antoine Lavoisier

Antoine Lavoisier naît le 26 août à Paris. Considéré comme le père de la chimie moderne, il a notamment découvert le principe d'oxydation ou les composants de l'air et de l'eau, en se basant sur des méthodes scientifiques rigoureuses.

1898

Marie Curie

Le 26 décembre, Marie Curie annonce la découverte du radium - après celle du polonium, le 18 juillet précédent.

LE TABLEAU PÉRIODIQUE DES ÉLÉMENTS

Nommé professeur de chimie à l'université de Saint-Pétersbourg, Dmitri Mendeleïev (1834-1907) réalise qu'il n'existe pas de manuel présentant de façon logique les éléments simples de la chimie. C'est ainsi qu'il imagine le tableau périodique des éléments en 1869. Pour l'établir, Mendeleïev cherche et trouve une loi de périodicité (propriété de ce qui se répète avec régularité) dans les éléments chimiques. Il montre que les propriétés chimiques de ces derniers sont des fonctions périodiques de leur poids atomique. Il range par colonne ceux qui ont des propriétés proches et met en évidence la régularité des masses atomiques correspondantes. Confiant en sa loi périodique, il réussit à prévoir l'existence d'éléments qui devraient venir remplir des cases encore vides du tableau. Les découvertes du gallium, du scandium, du germanium, du polonium, du radium et des gaz rares assurent le triomphe du tableau et la gloire de son inventeur.

ASTRONOMIE

Comme dans toutes les sciences, les connaissances en astronomie sont en perpétuelle évolution, les nouvelles observations remettant en question ce que l'on tenait précédemment pour acquis. Mais c'est peut-être plus vrai encore pour cette discipline, restée longtemps dominée par le géocentrisme et par une vision théologique de l'Univers. Les progrès techniques ont toutefois permis d'affiner les observations et de mettre au jour les lois qui régissent ce dernier.

Solutions des quiz page 89

1 / À combien s'élève, environ, la vitesse de la lumière ?

a - À 3 000 km/s ☐
b - À 10 000 km/s ☐
c - À 150 000 km/s ☐
d - À 300 000 km/s ☐

2 / Combien de temps dure la révolution de la Terre autour du Soleil ?

a - 24 heures ☐
b - 7 jours ☐
c - 30 jours ☐
d - 365 jours ☐

3 / Quelle est la plus grosse planète appartenant au système solaire ?

a - Saturne ☐
b - La Terre ☐
c - Jupiter ☐
d - Vénus ☐

4 / Parmis ces planètes quelle est celle qui est la plus proche du Soleil ?

a - Neptune ☐
b - Mercure ☐
c - Saturne ☐
d - Vénus ☐

5 / Quelle planète de notre système solaire fut découverte en 1930 ?

a - Neptune ☐
b - Pluton ☐
c - Vénus ☐
d - Jupiter ☐

6 / Comment s'appellent les corps célestes qui gravitent autour des planètes ?

a - Les satellites ☐
b - Les comètes ☐
c - Les météorites ☐
d - Les aérolithes ☐

7 / Dans quelle direction tourne la Terre ?

a - Du sud vers le nord ☐
b - Du nord vers le sud ☐
c - De l'est vers l'ouest ☐
d - De l'ouest vers l'est ☐

8 / Quelle est la distance moyenne séparant la Terre et la Lune ?

a - 75 000 km ☐
b - 178 000 km ☐
c - 384 000 km ☐
d - 580 000 km ☐

9 / Quelle est la distance entre la Terre et le Soleil ?

a - 1 million de kilomètres ☐
b - 20 millions de kilomètres ☐
c - 50 millions de kilomètres ☐
d - 150 millions de kilomètres ☐

10 / Lors d'une éclipse de Soleil :

a - La Terre s'interpose entre le Soleil et la Lune. ☐
b - La Lune s'interpose entre la Terre et le Soleil. ☐
c - Le Soleil s'interpose entre la Terre et la Lune. ☐
d - Mars s'interpose entre la Terre et le Soleil. ☐

11 / Quel est l'âge de la Terre ?

a - 1,86 milliard d'années ☐
b - 3,32 milliards d'années ☐
c - 4,54 milliards d'années ☐
d - 5,87 milliards d'années ☐

12 / Quelle est, environ, la longueur du rayon du Soleil ?

a - 596 000 km ☐
b - 696 000 km ☐
c - 796 000 km ☐
d - 896 000 km ☐

13 / Combien de couleurs projettent les rayons du Soleil ?

a - 5 ☐
b - 6 ☐
c - 7 ☐
d - 8 ☐

14 / À l'équinoxe, le jour est :

a - Plus court que la nuit ☐
b - De la même durée que la nuit ☐
c - Plus long que la nuit ☐
d - Cela dépend des années. ☐

15 / En 2012, *Curiosity*, un robot conçu par la Nasa, s'est posé :

a - Sur la Lune ☐
b - Sur Jupiter ☐
c - Sur Mars ☐
d - Sur une comète ☐

16 / Quelle comète est passée pour la dernière fois dans notre ciel en 1986 ?

a - La comète de Halley ☐
b - La comète Hale-Bopp ☐
c - La comète de Kuiper ☐
d - La comète de Brunel ☐

17 / Quel astronome a passé le plus de jours dans l'espace ?

a - Scott Kelly ☐
b - Guennady Padalka ☐
c - Valeri Poliakov ☐
d - Thomas Pesquet ☐

18 / Qui est la première femme à avoir voyagé dans l'espace ?

a - Sally Ride ☐
b - Valentina Terechkova ☐
c - Svetlana Savitskaya ☐
d - Claudie Haigneré ☐

19 / La sonde *New Horizons* lancée en janvier 2006 avait pour mission d'étudier une planète. Laquelle ?

a - Mars ☐
b - Jupiter ☐
c - Pluton ☐
d - Uranus ☐

20 / Le *Large Binocular Telescope* (LBT) est le télescope le plus puissant du monde. Il a été construit en 2004. Où se trouve-t-il ?

a - En Russie ☐
b - Aux États-Unis ☐
c - En Inde ☐
d - Au Japon ☐

21 / Le 5 mai 2018, la NASA a lancé une nouvelle mission d'exploration. Quel en était l'objet ?

a - Mars ☐
b - Vénus ☐
c - Mercure ☐
d - Jupiter ☐

QU'EST-CE QUE

LE « BIG BANG »

L'expression *big bang* (de l'anglais *big*, grand, et de l'onomatopée « bang ») a été utilisée la première fois par Fred Hoyle, chroniqueur de la BBC dans un exposé de 1950, intitulé « The Nature of Things ». Elle désigne une explosion provoquée par un échauffement de l'Univers à une température de plusieurs milliards de degrés, qui s'est produite il y a 16 milliards d'années. Selon cette théorie, il est possible de retracer l'histoire de l'Univers à partir de la constatation de l'éloignement mutuel des galaxies. En utilisant la théorie d'Einstein de la relativité générale, on parvient à l'idée que plus l'Univers était jeune, plus il était à la fois chaud et dense. Les modifications ultérieures de température et de pression permettent alors de définir les âges, ou phases d'expansion de l'Univers.

LE MOT À REDÉCOUVRIR

AMAS

Groupe d'étoiles physiquement liées par la gravitation

PTOLÉMÉE

Le Grec Ptolémée (v. 90-170) rédige à Alexandrie le plus marquant de tous les traités d'astronomie connu sous le titre d'*Almageste*. L'auteur y développe la trigonométrie sphérique (l'étude des angles et des triangles repérés sur une sphère), ainsi qu'il convient pour étudier la voûte étoilée et les sphères planétaires. Il y expose aussi une astronomie circulaire géocentrique pour décrire les mouvements des planètes, de la Lune et du Soleil. Son système est comparable à une succession très complexe de cercles permettant de représenter la trajectoire des planètes. Il faudra attendre l'œuvre de Copernic pour avoir une rivale à la hauteur de l'*Almageste* en termes de virtuosité géométrique.

LES DATES À RETENIR

1543

Nicolas Copernic

Copernic publie son livre *Des révolutions des sphères célestes*. À contre-courant des idées reçues, il y développe la thèse de l'héliocentrisme, c'est à dire la thèse selon laquelle c'est le Soleil, et non la Terre, qui se trouve au centre de l'Univers.

1633

Galileo Galilée

Galilée est condamné à la prison à vie par le tribunal de l'Inquisition pour son *Dialogue sur les deux grands systèmes du monde*, ouvrage dans lequel il dénonçait implicitement le géocentrisme de Ptolémée.

1929

Edwin Hubble

Ayant établi l'existence d'autres galaxies en dehors de notre Voie lactée, l'Américain Edwin Hubble publie ses travaux sur l'expansion de l'univers.

UNE BELLE EXPRESSION

LA PLANÈTE BLEUE

Le poète Paul Éluard est l'auteur de ce vers qui a fait couler tant d'encre : « La terre est bleue comme une orange ». Lubie d'un esprit poétique ou réalité objective ? De fait, notre planète est recouverte de 70% d'eau, sous toutes les formes (océans, mers intérieures, lacs, eaux souterraines, etc.). Depuis l'espace – mais il fallut attendre pour cela le premier vol habité et Gagarine –, la Terre apparaît toute de bleu vêtue…
De même, la « planète rouge » désigne Mars, notre prochaine conquête spatiale. Peut-être effeuillerons-nous ainsi toutes les planètes, par couleurs interposées…

MÉDECINE & CORPS HUMAIN

Quoi de plus familier, mais aussi de plus mystérieux et déroutant que notre propre corps ? En surface, nous pouvons le voir, le toucher, sentir ses réactions au froid ou au chaud. Mais à l'intérieur, toute une vie bouillonnante nous échappe et nous inquiète au moindre signe inconnu. Heureusement, tout au long de l'histoire, d'audacieux chercheurs se sont attachés à comprendre son fonctionnement. Aujourd'hui, la médecine a fait des progrès considérables et nous savons traiter de nombreuses pathologies.

Solutions des quiz page 89

1 / Combien y a-t-il d'os dans le corps humain ?

a - 41 ☐
b - 85 ☐
c - 206 ☐
d - 285 ☐

2 / Combien y a-t-il d'os dans l'oreille ?

a - 3 ☐
b - 4 ☐
c - 5 ☐
d - 6 ☐

3 / Les ménisques se trouvent au niveau des articulations :

a - Du coude ☐
b - Du genou ☐
c - De la cheville ☐
d - Du cou ☐

4 / Quel est l'os le plus long du corps humain ?

a - Le fémur ☐
b - L'humérus ☐
c - Le tibia ☐
d - La clavicule ☐

5 / Quel élément de notre corps met environ 28 jours à se renouveler ?

a - Le cheveu ☐
b - L'épiderme ☐
c - Le globule rouge ☐
d - L'ongle ☐

6 / Qu'est-ce qu'un réticulocyte ?

a - Un jeune globule blanc ☐
b - Le nom scientifique des plaquettes ☐
c - Un jeune globule rouge ☐
d - Une forme d'anémie ☐

7 / Combien de litres de sang contient le corps humain ?

a - 2 ☐
b - 5 ☐
c - 8 ☐
d - 10 ☐

8 / Le groupe sanguin d'un receveur universel est :

a - A ☐
b - O ☐
c - AB ☐
d - B ☐

9 / Le deltoïde est un muscle :

a - De l'avant-bras ☐
b - Du bras ☐
c - De l'épaule ☐
d - De la jambe ☐

10 / Au sein du noyau des cellules du corps humain, combien y a-t-il de paires de chromosomes ?

a - 17 ☐
b - 20 ☐
c - 23 ☐
d - 29 ☐

11 / L'organe qui sécrète la bile est :

a - Le foie ☐
b - Le pancréas ☐
c - La vésicule biliaire ☐
d - La rate ☐

12 / Quel est l'organe qui élimine la majeure partie des déchets de l'organisme sous forme d'urine ?

a - Le rein ☐
b - Le foie ☐
c - Le côlon ☐
d - La vessie ☐

13 / Qu'est-ce que le carpe ?

a - Un poisson ☐
b - Une glande digestive ☐
c - Un muscle ☐
d - Un os ☐

14 / Quelle hormone est sécrétée par le pancréas ?

a - La cortine ☐
b - L'insuline ☐
c - L'adrénaline ☐
d - La thyroxine ☐

15 / En principe, combien de dents possède un adulte ?

a - 28 ☐
b - 30 ☐
c - 32 ☐
d - 36 ☐

16 / Quelle maladie est transmise par la mouche ?

- **a -** Le paludisme ☐
- **b -** L'onchocercose ☐
- **c -** La peste ☐
- **d -** La tuberculose ☐

17 / Quand il s'agit de l'examen médical, que signifie le sigle IRM ?

- **a -** Image de rayon magnétique ☐
- **b -** Imagerie par résonance magnétique ☐
- **c -** Imagerie de résultat magnétique ☐
- **d -** Irradiation par rayon magnétique ☐

18 / Laquelle de ces maladies atteint les yeux ?

- **a -** La phlébite ☐
- **b -** Le glaucome ☐
- **c -** La naupathie ☐
- **d -** La hernie ☐

19 / La méthode thérapeutique où l'on utilise à doses infinitésimales des agents déterminant une affection analogue à celle que l'on veut combattre s'appelle :

- **a -** L'homéopathie ☐
- **b -** L'allopathie ☐
- **c -** La pharmacothérapie ☐
- **d -** La mésothérapie ☐

20 / Au XVIIIe siècle, les premiers essais de vaccination furent réalisés pour ralentir l'épidémie de :

- **a -** Tuberculose ☐
- **b -** Varicelle ☐
- **c -** Variole ☐
- **d -** Syphilis ☐

21 / Le scorbut est dû à une carence en une vitamine. Laquelle ?

- **a -** La vitamine A ☐
- **b -** La vitamine B ☐
- **c -** La vitamine C ☐
- **d -** La vitamine F ☐

22 / Le saule est utilisé pour la fabrication de quel type d'antalgique ?

- **a -** La morphine ☐
- **b -** L'aspirine ☐
- **c -** L'ibuprofène ☐
- **d -** La codéine ☐

23 / Le saturnisme est une maladie due à une absorption excessive :

- **a -** De plomb ☐
- **b -** De cuivre ☐
- **c -** De zinc ☐
- **d -** De fer ☐

24 / La brucellose est une maladie :

- **a -** Identifiée à Bruxelles au milieu du XIXe siècle ☐
- **b -** Due à l'ingestion de choux de Bruxelles ☐
- **c -** Causée par un virus identifié par Pietro Brucelloso, médecin italien du XVIIIe siècle ☐
- **d -** Provoquée par des bactéries du genre *Brucella* ☐

LES DATES À RETENIR

Vers -460

Hippocrate

Naissance d'Hippocrate, considéré comme le père de la médecine. Il est à l'origine du serment qui porte son nom.

1551

Ambroise Paré

Ambroise Paré est nommé premier chirurgien du roi Henri II. Précurseur de la chirurgie moderne, il est le premier à pratiquer la ligature des artères.

1628

William Harvey

Le médecin britannique Harvey décrit la circulation du sang.

QUI ÉTAIT

VÉSALE (1514-1564)

En 1523, le pape Clément VII autorise la dissection des cadavres. André Vésale (1514-1564), issu d'une famille de savants des environs de Bruxelles, va alors porter presque à la perfection la représentation des formes anatomiques. Médecin des empereurs Charles Quint et Philippe II, il ose critiquer Galien qui faisait référence depuis l'Antiquité ! En trois ans seulement, il réalise une encyclopédie de 700 pages, avec 300 illustrations précises. Le meilleur de la réforme vésalienne concerne le cerveau et le système nerveux central, avec la distinction entre la matière grise et la blanche ou encore la représentation de la glande pinéale.

LE TERME À REDÉCOUVRIR

ÉPISTAXIS

Ce mot savant ne désigne rien d'autre qu'un simple saignement de nez !

UN ORGANE ESSENTIEL

LE CŒUR

Chez les mammifères, le cœur est totalement cloisonné au niveau des ventricules. On a ainsi un demi-cœur droit et un demi-cœur gauche formés chacun d'une oreillette et d'un ventricule. Le demi-cœur droit reçoit le sang désoxygéné en provenance des organes et le propulse vers les poumons. Le sang revient des poumons, bien oxygéné, vers le demi-cœur gauche, qui le propulse vers les organes. Ainsi, non seulement le sang oxygéné et le sang désoxygéné ne se mélangent pas, mais il y a deux circulations bien séparées. Les valves, quant à elles, fonctionnent comme des clapets anti-retour, empêchant le sang de revenir en arrière.

LE MOT À DÉCOUVRIR

DIPLOPIE

Trouble oculaire qui fait voir en double les objets. Il peut, selon les cas, toucher un œil ou les deux yeux.

LES DATES À RETENIR

1844

Anesthésie

Naissance de l'anesthésie, avec l'utilisation par un dentiste américain du protoxyde d'azote, ou « gaz hilarant », pour endormir ses patients. Il faudra attendre 1847 pour que soit utilisé le chloroforme.

1882

Robert Koch

Le médecin allemand Robert Koch identifie l'agent de la tuberculose.

1967

Transplantation cardiaque

Le 3 décembre, le chirurgien sud-africain Christiaan Barnard pratique la première transplantation cardiaque. L'opération a nécessité une équipe d'une trentaine de personnes et duré plus de 9 h.

2005

Greffe de visage

Le 27 novembre, l'équipe du professeur Jean-Michel Dubernard associée notamment aux professeurs Bernard Devauchelle et Sylvie Testelin, réalise à Amiens la première greffe partielle de visage sur une femme de 38 ans.

25 / Comment se nomme le contraire de la tachycardie ?

a - L'hypocardie ☐
b - La dyscardie ☐
c - La bradycardie ☐
d - L'hypovolémie ☐

26 / En quelle année a été inventé le stéthoscope ?

a - En 1816 ☐
b - En 1838 ☐
c - En 1855 ☐
d - En 1894 ☐

27 / La benzodiazépine est :

a - Un anxiolytique ☐
b - Une amphétamine ☐
c - Un barbiturique ☐
d - Une vitamine ☐

28 / Qui est Louise Brown ?

a - Le premier bébé soigné *in utero* ☐
b - L'inventeur de la pilule contraceptive ☐
c - Le premier bébé-éprouvette ☐
d - La première femme américaine dans l'espace ☐

29 / Comment appelle-t-on la paralysie des deux membres inférieurs et de la moitié basse du tronc, souvent due à une lésion cérébrale ?

a - Une paraplégie ☐
b - Une tétraplégie ☐
c - Une hémiplégie ☐
d - Une glossoplégie ☐

30 / Quelle est la première cause de mortalité en France ?

a - Les accidents de la route ☐
b - Les cancers ☐
c - Les maladies cardio-vasculaires ☐
d - Les maladies infectieuses ☐

31 / Quel médecin est spécialiste des maladies des reins ?

a - Un urologue ☐
b - Un rénologue ☐
c - Un réinologue ☐
d - Un néphrologue ☐

32 / Au cœur d'une ville, à la saison pollinique il peut y avoir dans l'air :

a - 10 à 300 grains de pollen/m^3 ☐
b - 8 000 à 10 000 grains de pollen/m^3 ☐
c - 1 à 2 millions de grains de pollen/m^3 ☐
d - 3 à 5 millions de grains de pollen/m^3 ☐

33 / Tout le monde connaît la grippe, mais cette maladie est connue également sous le nom :

a - De campana ☐
b - D'influenza ☐
c - De tourista ☐
d - H6N3 ☐

34 / Que signifient les initiales IMC ?

a - Indice de masse corporelle ☐
b - Indice de malnutrition coordonnée ☐
c - Indice de mauvaise circulation ☐
d - Indice de maintien corporel ☐

35 / Quel minéral est utilisé dans la prévention de la carie ?

a - Le phospore ☐
b - Le fluor ☐
c - Le fer ☐
d - Le calcium ☐

36 / Une carence en calcium peut provoquer :

a - Des diarrhées ☐
b - Une ostéoporose ☐
c - Une hypertension ☐
d - Le scorbut ☐

37 / Qui a découvert la pénicilline, base des antibiotiques ?

a - Louis Pasteur ☐
b - Paul Clemens von Baumgarten ☐
c - Alexander Fleming ☐
d - Pierre Curie ☐

38 / Quelle était la spécialité du médecin allemand Alois Alzheimer ?

a - Psychiatre ☐
b - Biochimiste ☐
c - Psychanalyste ☐
d - Généticien ☐

39 / Quand a été découverte la structure en double hélice de l'ADN ?

a - En 1953 ☐
b - En 1963 ☐
c - En 1973 ☐
d - En 1983 ☐

40 / À quand remonte la création de l'Ordre national des médecins ?

a - 1922 ☐
b - 1934 ☐
c - 1940 ☐
d - 1953 ☐

41 / À quand remonte la création de l'Agence du médicament, aujourd'hui Agence nationale de sécurité du médicament et des produits de santé ?

a - À 1977 ☐
b - À 1984 ☐
c - À 1993 ☐
d - À 2009 ☐

42 / Quelle est la signification de l'acronyme Sida ?

a - Syndrome d'immunodéficience acquise ☐
b - Système immunitaire déficient attrapé ☐
c - Syndrome infectieux à défenses affaiblies ☐
d - Système immunitaire défensif atteint ☐

43 / Combien d'hôpitaux rassemble l'Assistance publique-Hôpitaux de Paris (AP-HP), premier centre hospitalo-universitaire d'Europe ?

a - 15 ☐
b - 26 ☐
c - 37 ☐
d - 48 ☐

44 / Combien de filières compte la fonction publique hospitalière ?

a - 3 ☐
b - 5 ☐
c - 8 ☐
d - 12 ☐

45 / Quelle était la mesure phare de la loi sur le droit des malades de 2002 ?

a - Le droit à la consultation de plusieurs spécialistes à l'hôpital en cas de désaccord sur le traitement proposé ☐
b - Le droit d'accès au dossier médical pour le patient ☐
c - Le droit à une session d'information et à un accompagnement personnalisé pour les malades atteints d'une affection de longue durée ☐
d - Des droits reconnus au conjoint d'une personne hospitalisée ☐

46 / Que signifie le sigle Samu ?

a - Service d'assistance médicale des urgences ☐
b - Service d'aide médicale urgente ☐
c - Service d'appel des moyens d'urgence ☐
d - Soins et aides médicaux d'urgence ☐

UNE EXPRESSION POPULAIRE

AVOIR LES FOIES

L'expression, apparue dans la seconde moitié du XIXe siècle, parlait auparavant de « foies blancs ». Elle s'est abrégée sans changer de sens. On croyait autrefois que le foie blanchissait sous l'effet de la peur. La couleur rouge est associée depuis toujours au courage et à la force, contrairement à la couleur blanche, qui paraît quant à elle pâlichonne, froide, sans caractère. La couleur blanche du foie, décoloré, privé de son sang, symbolise donc ici la peur, la lâcheté.

LE SYSTÈME MUSCULAIRE

Le corps humain compte plus de 600 muscles différents, le seul fait de marcher mettant en œuvre près de 200 d'entre eux. Ils représentent environ 40 % du poids total de notre corps et sont directement rattachés aux os.

Il est possible de distinguer trois types de muscles : les muscles du cœur, soumis à un influx nerveux qui ordonne les contractions ; les muscles lisses des organes internes, dans le tube digestif par exemple, aux mouvements plus lents, adaptés au temps du transit intestinal ; les muscles striés, plus fibreux, les seuls qui obéissent à un commandement contrôlé lorsque nous voulons effectuer un geste.

QUI ÉTAIT

KARL LANDSTEINER (1868-1943)

Biologiste américain d'origine autrichienne, Karl Landsteiner travaille sur la transfusion sanguine. Celle-ci était pratiquée depuis le XVIIe siècle, mais le patient mourait très souvent en raison de la coagulation. En prélevant des échantillons sur ses collègues et en essayant différents mélanges, Karl Landsteiner découvre entre 1901 et 1903 l'existence des groupes sanguins. Par la suite, il mettra en évidence le facteur Rhésus, un antigène présent ou absent à la surface des globules rouges. Il établira ainsi le tableau de compatibilité des donneurs et receveurs.

SCIENCES NATURELLES

Regroupées en fonction de leur domaine d'application, les sciences naturelles recouvrent un champ très vaste que l'on pourrait subdiviser en sciences de la vie et sciences de la Terre. L'une étudie toutes les formes de vie, de la simple cellule aux organismes complexes, quand l'autre s'intéresse à la structure de la planète sous toutes ses formes. Elles ont en commun d'étudier la nature par une démarche fondée sur l'expérimentation et le recours à des instruments de mesure pour vérifier ou invalider une théorie.

Solutions des quiz page 90

1 / Le verrat est le mâle :

a - De la chèvre ☐
b - De la truie ☐
c - De la laie ☐
d - De la hase ☐

LE MOT À REDÉCOUVRIR

HERPÉTOLOGIE

Partie de la zoologie qui étudie les reptiles et les amphibiens.

UNE EXPRESSION POPULAIRE

AVOIR UNE ARAIGNÉE AU PLAFOND

Tout le monde le sait, l'araignée aime se balader dans les endroits négligés ou désertés : une maison mal entretenue ou un cerveau fantasque (au sens figuré) qu'elle est censée « déranger ». L'avoir au plafond (métaphore du cerveau), c'est être un peu farfelu ou bizarre. Si on plonge dans la folie douce, en aucun cas on ne frôle ici la démence furieuse. Pas de panique ! L'expression apparaît dans la seconde moitié du XIXe siècle. Certains l'imaginent issue du milieu parisien de la prostitution…

2 / Quel animal margaude ?

a - Le chacal ☐
b - Le lama ☐
c - La dinde ☐
d - La caille ☐

3 / Quelle est la durée de la gestation chez l'éléphant ?

a - 9 mois ☐
b - 12 mois ☐
c - 17 mois ☐
d - 22 mois ☐

4 / Quel animal a la plus courte période de gestation ?

a - La lapine ☐
b - Le hamster ☐
c - Le koala ☐
d - La souris ☐

5 / Le bébé kangourou continue son développement dans la poche ventrale de sa mère. Combien de temps y reste-t-il ?

a - Entre 1 et 2 mois ☐
b - Entre 3 et 4 mois ☐
c - Entre 5 et 6 mois ☐
d - Entre 7 et 8 mois ☐

6 / Qu'est-ce qu'un sabot-de-Vénus ?

a - Une orchidée ☐
b - Une maladie vénérienne ☐
c - Un champignon comestible ☐
d - Un insecte aux couleurs chatoyantes ☐

7 / Dans quelle région du monde vivent les orangs-outans ?

a - En Afrique ☐
b - En Amérique du Sud ☐
c - En Amérique du Nord ☐
d - En Asie du Sud-Est ☐

8 / Quel nom porte le mâle de l'oie domestique ?

a - Le cygne ☐
b - Le jar ☐
c - Le dindon ☐
d - Il n'a pas de nom ☐

9 / Laquelle de ces espèces de requin a la taille la plus importante ?

a - Le requin blanc ☐
b - Le requin-tigre ☐
c - Le requin-pèlerin ☐
d - Le requin-marteau ☐

10 / La pieuvre appartient à la classe des :

a - Gastéropodes ☐
b - Cétacés ☐
c - Mammifères ☐
d - Céphalopodes ☐

11 / Quelle est la couleur du safre ?

a - Jaune ☐
b - Bleu ☐
c - Rouge ☐
d - Blanc ☐

12 / A quelle classe du règne animal la salamandre appartient-elle ?

a - Aux amphibiens ☐
b - Aux reptiles ☐
c - Aux mammifères ☐
d - Aux myriapodes ☐

13 / La palourde Ming a été célèbre, mais pour quelle raison ?

a - Elle était le plus vieil animal vivant connu. ☐
b - Elle avait une taille considérable. ☐
c - Elle pouvait se déplacer de 500 mètres par mois. ☐
d - Elle était la plus grosse jamais observée. ☐

14 / En biologie, à quel règne appartient le corail ?

a - Au règne végétal ☐
b - Au règne animal ☐
c - Au règne minéral ☐
d - C'est une substance *sui generis.* ☐

15 / Quelle huile minérale naturelle a une étymologie latine qui signifie « huile de pierre » ?

a - La houille ☐
b - Le pétrole ☐
c - Le schiste ☐
d - Le lignite ☐

16 / De quelle espèce est l'arbre le plus haut du monde ?

a - Séquoia à feuilles d'if ☐
b - Eucalyptus ☐
c - Sapin de Douglas ☐
d - Peuplier ☐

17 / Quel fruit contient le plus de vitamine C ?

a - L'orange ☐
b - La baie de goji ☐
c - La prune de Kakadu ☐
d - Le kiwi ☐

18 / Parmi les champignons suivants, lequel est comestible ?

a - Le bolet de Satan ☐
b - La trompette-de-la-mort ☐
c - L'amanite phalloïde ☐
d - L'amanite tue-mouches ☐

19 / Que signifie « bassiner une plante verte » ?

a - La mettre à l'extérieur quand il pleut ☐
b - La mettre dans une bassine d'eau tiède ☐
c - L'humidifier en la vaporisant d'eau douce ☐
d - Lui parler trop longtemps ☐

LES DATES À RETENIR

1749

Georges-Louis Leclerc de Buffon

Début de la publication de *L'Histoire naturelle* de Buffon, dont le 36e et dernier volume paraîtra après sa mort, en 1804.

1859

Charles Darwin

Charles Darwin publie son ouvrage *De l'origine des espèces*, qui fonde la théorie de l'évolution.

LA CLASSIFICATION DE LINNÉ

Carl von Linné (1707-1778) publie sa classification des plantes et des animaux en 1758 dans la sixième édition de son *Systema naturae*. Chaque espèce est classée dans un genre, qui réunit des espèces voisines. Selon des critères naturels (sexuels notamment), Linné établit les noms des genres, qu'il fait suivre d'un nom spécifique, celui de l'espèce. Cette nomenclature était nécessaire pour que la botanique et la zoologie puissent devenir des sciences à part entière. Si elle a connu d'importantes modifications, elle reste la référence, et les noms actuels des êtres vivants en proviennent.

20 / Combien la France compte-t-elle de parcs nationaux ?

a - 5 ☐
b - 7 ☐
c - 10 ☐
d - 15 ☐

21 / Laquelle de ces énergies n'est pas renouvelable ?

a - Le charbon ☐
b - La biomasse ☐
c - L'éolien ☐
d - Le solaire ☐

QUI EST

ARMAND DUFRÉNOY

Ami de Voltaire, directeur de l'École des mines, membre de l'Académie des sciences, Armand Dufrénoy (1792-1857) publie en 1841 avec Jean-Baptiste Élie de Beaumont (1798-1874) la première carte géologique de la France, établie après 13 ans de recherches.

QU'EST-CE QUE

LE CHAMPIGNON

Ce que l'on nomme champignon est une fructification du véritable individu souterrain, qui se présente sous forme de filaments appelés *myctéliums*. Ceux-ci sont formés de cellules entourées d'une paroi faite non pas de cellulose, comme les autres végétaux, mais de chitine, comme la carapace des insectes. De plus, étant dépourvus de chlorophylle, les champignons s'alimentent à partir de matière organique déjà fabriquée, comme les animaux, alors que leurs cousins fabriquent eux-mêmes la matière dont ils se nourrissent. Enfin, leur reproduction se fait par spores alors que leurs cousins évolués utilisent la graine. Autant de spécificités qui les rendent inclassables ! Grâce à un pouvoir de pénétration dans le sol exceptionnel, un seul champignon peut s'étendre sur des distances qui dépassent l'imaginaire. Ainsi, aux États-Unis, on a découvert un mycélium âgé de plus de 1 500 ans. Il pesait en tout plus de 100 tonnes et occupait à lui tout seul une surface de 15 ha !

PHILOSOPHIE & RELIGIONS

MYTHES & MYTHOLOGIES

Les mythes grecs et romains ont nourri notre culture, inspirant écrivains, artistes et penseurs à toutes les époques. Ces histoires de dieux et de héros nous sont essentielles car elles énoncent des vérités ou des principes universels pour comprendre le monde et définir des valeurs. D'autres mythes venus d'aires géographiques différentes nous sont plus éloignés, mais se rejoignent souvent dans leurs thématiques : la création du monde, les origines de l'humanité et surtout l'existence de divinités et créatures surnaturelles ne cessant de s'affronter.

Solutions des quiz page 91

1 / À quoi fut condamné le Titan Atlas ?

a - À établir une carte du monde ☐
b - À porter le monde sur son dos ☐
c - À aider les hommes à aménager la terre ☐
d - À protéger le monde des autres Titans ☐

2 / Selon la légende, comment Zeus séduisit-il Europe, la fille du roi de Tyr ?

a - Il lui promit de nommer un continent en son honneur. ☐
b - Il lui promit de faire d'elle une déesse. ☐
c - Il prit la forme d'un taureau blanc. ☐
d - Il prit la forme d'un serpent. ☐

3 / Qui est le père d'Héraclès (Hercule dans la mythologie romaine) ?

a - Zeus ☐
b - Poséidon ☐
c - Apollon ☐
d - Dionysos ☐

4 / Comment se nomme la très jalouse épouse de Zeus, qui règne avec lui sur l'Olympe ?

a - Aphrodite ☐
b - Gaïa ☐
c - Héra ☐
d - Maïa ☐

5 / Laquelle de ces apparences Zeus n'a-t-il jamais revêtue lors de ses conquêtes amoureuses ?

a - Celle d'un aigle ☐
b - Celle d'un cygne ☐
c - Celle d'un cheval ☐
d - Celle d'un tigre ☐

6 / Questionné par sa mère, la Néréide Thétis, sur son destin, Achille préfère la gloire à :

a - L'amour ☐
b - La longévité ☐
c - La victoire ☐
d - Le pouvoir ☐

7 / Selon la légende, pour quelle raison Iphigénie est-elle sacrifiée par son père Agamemnon ?

a - Pour assurer la victoire des Grecs à Troie ☐
b - Pour assurer la défaite des Grecs à Troie ☐
c - Pour assurer des vents favorables à la flotte grecque en partance pour Troie ☐
d - Pour satisfaire un caprice d'Achille ☐

8 / Qui séduit Hélène, alors mariée au roi de Sparte Ménélas, déclenchant ainsi la guerre de Troie ?

a - Pâris ☐
b - Hector ☐
c - Priam ☐
d - Achille ☐

9 / Quelle est la particularité des jumeaux Castor et Pollux ?

a - L'un est monstrueusement laid, l'autre est divinement beau. ☐
b - Ils se détestent, mais ne peuvent survivre l'un sans l'autre. ☐
c - L'un est humain et mortel, l'autre est un demi-dieu et donc immortel. ☐
d - L'un prédit l'avenir, l'autre lit les pensées. ☐

10 / De quel pouvoir sont dotées les sirènes que rencontrent Ulysse et ses compagnons ?

a - Leur beauté est irrésistible. ☐
b - Leur chant est irrésistible. ☐
c - Elles peuvent communiquer avec les créatures aquatique. ☐
d - Elles commandent aux vents et aux vagues. ☐

11 / Comment se nomme la magicienne qui transforme les compagnons d'Ulysse en porcs ?

a - Médée ☐
b - Canopée ☐
c - Pasiphaé ☐
d - Circé ☐

12 / De quel animal mythique Œdipe a-t-il résolu l'énigme ?

a - Le sphinx ☐
b - Méduse ☐
c - Pégase ☐
d - Cerbère ☐

13 / Pourquoi Antigone s'oppose-t-elle à son oncle Créon ?

a - Créon refuse qu'elle épouse son fils Hémon dont elle est amoureuse. ☐
b - Elle refuse d'épouser Hémon. ☐
c - Créon a privé Polynice, le frère d'Antigone, de sépulture pour trahison de la cité. ☐
d - Créon a privé Œdipe, le père d'Antigone, de sépulture pour trahison de la cité. ☐

14 / Avec l'aide de qui Oreste décide-t-il de venger son père Agamemnon, tué par sa mère et son amant ?

a - Sa sœur, Électre ☐
b - Sa sœur, Iphigénie ☐
c - Sa sœur, Chrysothémis ☐
d - Personne, il décide d'agir seul. ☐

15 / Qui est Asclépios ?

a - Le dieu du temps ☐
b - Le dieu du vent ☐
c - Le dieu de la médecine ☐
d - Le dieu du sommeil ☐

16 / De qui Phèdre est-elle éperdument amoureuse ?

a - De son mari, Thésée ☐
b - De son beau-fils, Hippolyte ☐
c - De son fils, Hippolyte ☐
d - De son frère, Hippolyte ☐

17 / Quel crime commet Médée par désespoir, alors que Jason l'abandonne pour une autre ?

a - Elle tue son époux Jason. ☐
b - Elle tue les enfants qu'elle a eus de Jason. ☐
c - Elle tue son père. ☐
d - Elle se suicide. ☐

18 / Comment se prénomme la femme d'Hadès, dieu des Enfers ?

a - Perséphone ☐
b - Déméter ☐
c - Artémis ☐
d - Athéna ☐

19 / Le dieu Hermès exerce plusieurs fonctions. Toutefois, il n'est pas…

a - Le messager des dieux ☐
b - Le dieu des voyageurs ☐
c - Le dieu du temps ☐
d - Le dieu des voleurs ☐

20 / Laquelle de ces caractéristiques ne correspond pas au mythe des Amazones, ces redoutables guerrières ?

a - Elles tuent leurs enfants mâles. ☐
b - Elles se coupent le sein droit pour pouvoir mieux tirer à l'arc. ☐
c - Elles vivent à cheval. ☐
d - Elles s'unissent une fois par an aux plus beaux des hommes pour assurer la perpétuation de leur peuple. ☐

LES DATES À RETENIR

- 43

Ovide

Naissance d'Ovide, auteur des *Métamorphoses*, long poème latin de 12 000 vers regroupant des récits des mythologies grecque et romaine.

- 753

L'*Enéide*

Selon l'*Enéide* de Virgile, c'est le 21 avril de cette année que serait née Rome, de la rivalité entre les jumeaux Remus et Romulus.

21 / Comment se nomme le Centaure qui éduqua les héros Achille, Héraclès et Énée ?

a - Caron ☐
b - Chiron ☐
c - Créon ☐
d - Orion ☐

LE LIVRE DES MORTS

Le voyage pour rejoindre Osiris, le dieu des morts, était périlleux. Des monstres et des pièges en jalonnaient le chemin. Un ouvrage égyptien célèbre, le *Livre des morts*, expliquait aux gens ce qu'ils devaient faire pour traverser ces épreuves et atteindre la barque solaire de Rê et le Champ des roseaux, une version égyptienne du paradis. Le chemin menant à Osiris passait à travers sept portes.
Les anciens Égyptiens pensaient qu'ils rencontreraient des rivières, des îles, des déserts et des lacs de feu. Les gens riches faisaient graver des formules magiques sur leur cercueil afin qu'elles les aident à traverser toutes ces épreuves. Une fois arrivé chez Osiris, le mort devait se déclarer innocent ou coupable de divers crimes. Anubis le guidait vers des balances sur lesquelles il pesait son cœur. Le contrepoids était une plume de la déesse de la Vérité. Si le cœur pesait davantage que la plume, le mort était coupable, et un monstre femelle, la Dévoreuse des morts, croquait le mort sans plus attendre. Toute personne ayant réussi ce test pouvait se déplacer au milieu des dieux, voire voyager sur la barque du Soleil.

QUI EST

STENTOR

On connaît l'expression « avoir une voix de stentor », mais beaucoup moins l'identité de celui qui a donné naissance à ce nom commun. C'était un guerrier thrace, héros de la guerre de Troie, doté d'une voix si forte et retentissante que cinquante hommes n'auraient pas pu la couvrir. En grec, *sténein* signifie « gémir profondément et bruyamment, mugir ». Stentor partage avec Achille sa « voix de bronze ». Il n'hésita pas à défier Hermès dans une joute vocale, mais celui qui avait été le premier à se servir d'une conque en lieu et place d'une trompette de guerre, périt sous les coups du héraut de l'Olympe.

DES MYTHES DIFFÉRENTS

LES DIVINITÉS NORDIQUES

Il y avait deux familles de divinités nordiques : les Vanes et les Ases. Les Vanes formaient la famille des anciens dieux de la Fécondité ; ils comprenaient Freyr, Freyia, et Niord. Les Ases étaient des dieux plus modernes et plus guerriers, Odin et Thor faisaient partie de cette famille. La mythologie scandinave raconte l'histoire d'une guerre qui opposa les Vanes et les Ases après la création ; comme elle s'éternisait, les divinités convinrent d'une trêve et échangèrent des membres de leurs familles respectives. Résultat, ces familles s'unirent pour n'en former plus qu'une seule, qu'on appela désormais Ases.

LA MYTHOLOGIE ÉGYPTIENNE

Le Nil est à l'origine de la civilisation égyptienne, qui s'est tout entière développée sur quelques kilomètres de part et d'autre du grand fleuve. En dehors de cette zone fertile, c'était le désert aride, mais les berges du Nil accueillaient une flore luxuriante et une faune abondante. Chaque année, le fleuve était en crue et, lorsque les eaux se retiraient, les plantes jaillissaient du sol. Ce cycle éternel de destruction suivie d'une période de fertilité devint le fondement de la culture égyptienne. Ce cycle continuel de renouvellement était sacré, et la mission des Égyptiens consistait à aider les dieux à repousser les démons destructeurs qui auraient pu l'entraver.

LE PHÉNIX

Cet oiseau mythique apparut pour la première fois en Égypte où il joue un rôle dans le culte du Soleil, mais on le retrouve aussi dans les mythologies grecque, islamique et européenne plus récentes. C'était un oiseau de la taille d'un aigle avec des plumes rouge et or, qui avait un chant magnifique. Il ne pouvait y avoir qu'un seul phénix, mais chaque phénix vivait cinq cents ans. Lorsqu'il sentait venir la fin de sa vie, il bâtissait un nid de brindilles odorantes et s'y installait, pour y mettre ensuite le feu. De ses cendres renaissait un nouveau phénix, bébé, qui commençait sa longue vie. Le phénix a servi de symbole de force éternelle à de nombreuses institutions prétendant être capables de surmonter les revers et de continuer d'exister.

22 / Parmi les personnages suivants, lequel n'est pas une Muse ?

a - Thétis ☐
b - Calliope ☐
c - Clio ☐
d - Melpomène ☐

23 / Qui tombe amoureux de la princesse Psyché, bravant ainsi la jalousie d'Aphrodite ?

a - Apollon ☐
b - Hermès ☐
c - Éros ☐
d - Zéphyr ☐

24 / Parmi les divinités suivantes, laquelle n'est pas une des trois Grâces ?

a - Euphrosyne (allégresse) ☐
b - Thalie (abondance) ☐
c - Aglaé (beauté, splendeur) ☐
d - Euterpe (musique, chant) ☐

25 / À quel dieu étaient dédiés les Jeux olympiques ?

a - À Zeus ☐
b - À Athéna ☐
c - À Apollon ☐
d - À Dionysos ☐

26 / Qu'étaient les Champs Élyséens dans la mythologie grecque ?

a - Le lieu des Enfers réservés aux gens vertueux ☐
b - Le lieu de célébration des victoires militaires à Athènes ☐
c - Le lieu de naissance des Titans ☐
d - Les jardins du palais de César ☐

27 / Quand ont lieu les calendes grecques ?

a - Au début de chaque mois ☐
b - À la fin de chaque mois ☐
c - Au solstice d'été ☐
d - Jamais. Les calendes font partie du calendrier romain uniquement. ☐

28 / Qu'était le Pactole ?

a - Un immense trésor caché ☐
b - Un fleuve qui charriait des paillettes d'or ☐
c - Un rite grec supposé apporter la richesse ☐
d - Un général romain particulièrement riche ☐

29 / Qui est le père de Romulus et Remus, les fondateurs légendaires de Rome ?

a - Jupiter ☐
b - Mars ☐
c - Bacchus ☐
d - Vulcain ☐

30 / Qui était Rhéa Silvia, la mère de Romulus et Remus ?

a - Une déesse ☐
b - Une nymphe ☐
c - Une vestale ☐
d - Une reine ☐

31 / Comment se nomme le père d'Énée, qu'il emmène sur ses épaules lors de la chute de Troie ?

a - Anchise ☐
b - Ascagne ☐
c - Virgile ☐
d - Horace ☐

32 / De quelle divinité Jules César prétendait-il descendre ?

a - Jupiter ☐
b - Mars ☐
c - Vénus ☐
d - Minerve ☐

33 / De quel peuple Romulus et ses compagnons auraient-ils enlevé les femmes pour les prendre pour épouses ?

a - Les Latins ☐
b - Les Sabins ☐
c - Les Babyloniens ☐
d - Les Égyptiens ☐

34 / Quelle fut la conséquence du viol de Lucrèce par Tarquin, en 509 avant J.-C. ?

a - La chute de la république romaine ☐
b - La chute de la royauté romaine ☐
c - La chute de l'Empire romain ☐
d - La chute de Rome ☐

35 / Qui sont les lares ?

a - Les dieux de la maisonnée, du foyer ☐
b - Les dieux de la forêt ☐
c - Les dieux des champs ☐
d - Les dieux des rivages ☐

36 / Qui sont les pénates ?

a - Les ancêtres protecteurs ☐
b - Les dieux protecteurs de la famille ☐
c - Les dieux protecteurs des enfants ☐
d - Les dieux protecteurs des femmes ☐

37 / Quel est le symbole de Minerve, déesse de la sagesse et de la science ?

a - Le trident ☐
b - La lune ☐
c - La chouette ☐
d - Le renard ☐

38 / Qui est Cérès ?

a - La déesse de la danse ☐
b - La déesse des moissons et de la fécondité ☐
c - La déesse de la chance et du hasard ☐
d - La déesse de la guerre ☐

39 / Quelles divinités tissent, dévident puis coupent les fils des destinées humaines ?

a - Les trois Grâces ☐
b - Les Parques ☐
c - Les Muses ☐
d - Les mânes ☐

40 / Qui est Fama ?

a - La déesse du temps et de l'oubli ☐
b - La déesse des heureuses coïncidences et des accidents ☐
c - La déesse de la renommée et des ragots ☐
d - La déesse des voyageurs et des voleurs ☐

41 / Quel pouvoir détient l'haruspice ?

a - Il peut lire les auspices en observant les oiseaux. ☐
b - Il peut lire les auspices dans les entrailles animales. ☐
c - Il peut procéder aux sacrifices dans les temples. ☐
d - Il peut mettre fin aux malédictions divines. ☐

QUI EST

CÚCHULAÍN

Cúchulaín est le héros par excellence de la mythologie irlandaise, un véritable Achille, redouté pour ses colères qui le transforment en être monstrueux. Et, lorsqu'il tue trois guerriers, ennemis de l'Irlande, ainsi que tous leurs partisans, sa capacité à se transformer lui vaut le surnom de « contorsionniste ». Sous l'effet de la colère, il devient difforme, ses cheveux se hérissent, terminés chacun par une goutte de sang, et du sommet de son crâne surgit un flot de sang noir, épais, dressé comme un tronc. Pour mourir debout et combattre jusqu'à épuisement de ses forces, il s'attache à un rocher. Une corneille, animal psychopompe – qui transporte l'âme des morts –, se perche sur son épaule au moment de son trépas.

LE MOT À REDÉCOUVRIR

AVATAR

Ce mot vient du sanskrit : les *avataras* désignaient les différentes incarnations de Vishnou.

UNE BELLE EXPRESSION

AVOIR LES YEUX D'ARGUS

Selon la légende, le géant Argus était doté de cent yeux, dont cinquante restaient toujours ouverts. Surnommé *panoptès* (celui qui voit tout), il fut chargé, par Héra, jalouse des conquêtes de son époux Zeus, de surveiller Io, la dernière maîtresse en date. Mais Hermès, envoyé par Zeus, parvint, au son de sa flûte, à lui couper la tête. Junon sema alors les yeux d'Argus sur les plumes de la queue d'un paon, qui devint un oiseau consacré aux dieux et à elle-même. *Avoir les yeux d'Argus* s'emploie pour désigner une personne vigilante, qui espionne efficacement et à qui rien n'échappe.

UNE ŒUVRE INCONTOURNABLE

LE *BHAGAVAD-GITA*

Le *Bhagavad-Gita* (« chant du divin seigneur »), à la fin du *Mahabharata*, est l'un des discours les plus célèbres de Krishna. Dans ce poème, le guerrier Arjuna, sur le point de partir au combat, hésite, en se demandant s'il peut raisonnablement tuer des membres de sa famille. Krishna, le conducteur de son char, lui assure que c'est le cas, en lui expliquant que chacun doit agir selon son devoir. La vie et la mort sont une illusion, et tout ce qui compte est d'accomplir son devoir. S'il est temps de tuer, alors il faut tuer ! Certains historiens pensent que le *Bhagavad-Gita* fut écrit après le *Mahabharata,* et inséré par la suite dans cette épopée.

RELIGIONS

Le terme « religion » vient du latin religio, *qui dans son sens premier désignait un ensemble d'observances et de règles, sans se référer explicitement à des divinités. Avant d'énoncer des vérités, de définir ce qu'est la connaissance, les religions, par le biais des sages ou des prophètes, ont tenté de préciser ce que devait être la conduite humaine. Elles ont proposé, d'une manière simple, de corriger une façon de vivre afin d'atteindre le bonheur, source nécessaire d'une entente universelle.*

Solutions des quiz page 91

LES DATES À RETENIR

313

Édit de Milan

Par cet édit, l'empereur Constantin accorde la liberté de culte aux habitants de l'Empire romain, premier pas vers la reconnaissance du christianisme.

730

Premier iconoclasme

L'empereur byzantin Léon III l'Isaurien ordonne la destruction de toutes les icônes du Christ, de la Vierge et des saints. Il s'appuie sur l'un des Dix commandements : « Tu ne feras pas d'idole ni de représentation de ce qui est en haut dans le ciel, en bas sur la terre et dans l'eau. »

LE ZOHAR

Le *Livre de la splendeur (Sephre Ha-Zohar)*, roman mystique, paraît en Castille à l'époque d'Aboulafia (fin du XIIIe siècle). En quelques générations, cet ouvrage connaît un tel succès qu'on le range au niveau de la *Bible* et du *Talmud*. L'auteur met en scène le fameux maître de la Mishna, rabbi Siméon Bar Yohaï, qui vécut en Palestine à l'époque romaine. Il discute avec ses disciples de *midrashim* dévoilant le sens caché de la *Torah*, du *Cantique des cantiques* et du *Livre de Ruth*. L'ensemble est constitué d'une collection de chapitres assez hétéroclites, souvent sous formes d'histoires et de saynètes très vivantes. Le fait qu'il soit rédigé en araméen, comme le *Talmud de Babylone*, lui donne un lustre supplémentaire. Le *Zohar* a probablement été composé par Moïse de Léon.

1 / Qui est le père de Caïn et Abel ?

a - Adam ☐
b - Abraham ☐
c - Ésaü ☐
d - Isaïe ☐

2 / Nemrod, petit-fils de Noé qui apparaît dans la Genèse, est associé à une activité bien spécifique. Laquelle ?

a - La chasse ☐
b - La pêche ☐
c - La conservation des traditions ☐
d - L'élevage ☐

3 / Abraham est le père :

a - De Jacob ☐
b - D'Isaac ☐
c - D'Ésaü ☐
d - De Moïse ☐

4 / Yahvé décida de détruire les cités de Sodome et Gomorrhe, corrompues, mais il épargna Loth et sa famille. Alors qu'ils s'enfuyaient, la femme de Loth se retourna et fut alors changée en :

a - Laurier ☐
b - Bête sauvage ☐
c - Truie ☐
d - Statue de sel ☐

5 / Les onze frères de Joseph, jaloux de la faveur que lui montrait leur père Jacob, complotèrent contre lui. Finalement, ils décidèrent :

a - De le tuer ☐
b - De l'exiler ☐
c - De le dépouiller et de le jeter dans un puits ☐
d - De le condamner aux travaux forcés en Égypte ☐

6 / Cette épouse d'un haut fonctionnaire égyptien, vindicative et passionnée, accusa à tort Joseph d'avoir voulu la séduire. De qui s'agit-il ?

a - L'épouse du pharaon ☐
b - Cléopâtre ☐
c - La femme de Potiphar ☐
d - La femme de Loth ☐

7 / Associez à chaque personnage son image biblique :

1 - Noé
2 - Jonas
3 - Joseph
4 - Moïse

a - Le buisson ardent
b - Les sept vaches grasses et les sept vaches maigres
c - La baleine
d - L'arche

a - 1d, 2c, 3b, 4a ☐
b - 1c, 2d, 3b, 4a ☐
c - 1d, 2a, 3b, 4c ☐
d - 1d, 2c, 3a, 4d ☐

8 / Alors qu'il était encore un nourrisson, Moïse fut trouvé dans son berceau par :

a - La servante du pharaon ☐
b - La fille du pharaon ☐
c - La sœur du pharaon ☐
d - La belle-mère du pharaon ☐

9 / Pour convaincre le pharaon de laisser son peuple quitter l'Égypte, Yahvé déclenche des calamités ou « plaies d'Égypte ». Combien sont-elles ?

a - 5 ☐
b - 7 ☐
c - 10 ☐
d - 12 ☐

10 / Qui succédé à Moïse à la tête des Hébreux marchant dans le désert ?

a - Aaron ☐
b - David ☐
c - Salomon ☐
d - Samuel ☐

11 / Ce jeune berger fut appelé aux côtés du roi Saül, dont l'esprit se troublait par moments, pour l'apaiser de ses chants. De qui s'agit-il ?

a - Moïse ☐
b - David ☐
c - Salomon ☐
d - Samuel ☐

12 / Quel roi fit construire le premier temple de Jérusalem, pour y abriter l'arche d'Alliance ?

a - Moïse ☐
b - Énoch ☐
c - David ☐
d - Salomon ☐

13 / Quelle est la signification première du mot « évangile » ?

a - Message ☐
b - Bonne nouvelle ☐
c - Testament ☐
d - Annonciation ☐

14 / Qui furent les quatre premiers disciples de Jésus ?

a - Pierre, André, Jacques et Matthieu ☐
b - Pierre, André, Jacques et Jean ☐
c - André, Jacques, Judas et Jean ☐
d - Pierre, André, Jacques et Judas ☐

15 / Comment s'appelaient les deux larrons qui furent crucifiés aux côtés de Jésus ?

a - Dismas et Gestas ☐
b - Barrabas et Dismas ☐
c - Barrabas et Gestas ☐
d - Barrabas et Ponce Pilate ☐

16 / Jésus fut crucifié sur le mont Golgotha. Mais que signifie ce terme ?

a - Le lieu de la crucifixion ☐
b - Le lieu du crâne ☐
c - La petite colline ☐
d - La colline du géant ☐

17 / À qui le Christ est-il apparu sur le chemin de Damas ?

a - Ponce Pilate ☐
b - Thomas ☐
c - Saul de Tarse ☐
d - Pierre ☐

LE MOT À REDÉCOUVRIR

ANATHÈME

Il s'agit à l'origine de la sentence d'excommunication à l'endroit d'une personne jugée hérétique.

D'AUTRES RELIGIONS

L'HINDOUISME

L'hindouisme, religion polythéiste, pratiquée par la majorité des habitants du monde indien et fondée sur les *Veda*, est l'héritière du védisme et du brahmanisme. Il est issu d'une tradition millénaire qui n'a pas de fondateur. L'hindouisme occupe une place exceptionnelle dans l'histoire par la très grande ancienneté de ses textes sacrés. Les *shruti* contiennent les révélations faites par les premiers sages. Les textes ultérieurs sont appelés *smriti* et forment la tradition religieuse. L'ensemble de ces croyances et pratiques religieuses est décrit dans les *Veda* (« savoir », « science »), recueils techniques de formules liturgiques rédigés en sanscrit ancien entre 1800 et 800 avant J.-C. Ces hymnes transmis oralement pourraient avoir été composés au moins au Vᵉ millénaire. On connaît parmi eux : le *Rig Veda*, le *Samaveda*, le *Yajurveda*, l'*Atharvaveda*, les *Brahmana*, les *Upanishad*, les *sutras*.

LE BOUDDHISME

Le bouddhisme est un ensemble de croyances religieuses et philosophiques fondées sur l'enseignement de Bouddha. Il se développe dès le VIᵉ siècle avant J.-C. et disparaît, en Inde, au XVIIIᵉ siècle. Il se répand dans le sous-continent indien et à Ceylan, puis gagne le Sud-Est asiatique, puis l'Asie centrale, la Chine, la Corée, le Japon et le Tibet.
Dirigé à l'origine contre la prédominance brahmanique, le bouddhisme est un mouvement réformateur qui ne conserve que le *samsara* (la transmigration des âmes).
Il se fonde sur les quatre nobles vérités révélées à Bouddha près du village de Bodh-Gaya : toute existence est par nature difficile, voire décevante, même celle des dieux ; la soif d'exister qui conduit à renaître est à l'origine de ce malheur ; la délivrance du cycle des renaissances, donc des malheurs et des souffrances, est inhérente à l'existence ; chacun peut obtenir la délivrance en suivant la « sainte voie » (*marga*) aux huit membres, c'est-à-dire en corrigeant parfaitement ses idées, ses intentions, ses paroles, ses actes, ses moyens d'existence, ses efforts, son attention et sa concentration mentale.

18 / Qui a écrit l'*Apocalypse* ?

a - Saint Philippe ☐
b - Saint Pierre ☐
c - Saint Jean l'Évangéliste ☐
d - Saint Jean de Patmos ☐

19 / Sur la population totale de la Terre, quelle est, approximativement, la proportion de chrétiens ?

a - Un cinquième ☐
b - Un quart ☐
c - Un tiers ☐
d - La moitié ☐

D'AUTRES RELIGIONS

LE TAOÏSME

Le taoïsme est un des trois piliers de la pensée chinoise avec le confucianisme et le bouddhisme. Il relève à la fois d'une philosophie, d'une religion, et de pratiques populaires. Le tao est à la fois la « voie » et le « chemin », dans un tout, comprenant le yin et le yang, l'idée d'alternance et celle d'opposition. Le taoïsme est marqué par la société hiérarchisée dans laquelle il est élaboré : il n'explique pas le monde et ses raisons, mais le sens de son organisation, du pouvoir et de l'ordre. C'est une morale individualiste qui enseigne le détachement de toutes choses et promeut une identification de l'homme au reste de l'univers par l'extase et la méditation.

LE SHINTOÏSME

Le shinto, ou shintoïsme, est la « voie des esprits », la religion nationale au Japon. Il s'agit d'un culte aux esprits, les kami, présents sous toutes les formes. C'est une sorte d'animisme, de croyance en l'existence d'une âme propre en toute chose. Les premiers écrits relatifs au shintoïsme – intitulés le *Kojiki* (Recueil des choses anciennes) et le *Nihongi* (Chroniques du Japon) – sont des compilations de mythes et légendes. Ils coïncident avec l'apparition du bouddhisme sur l'île.

20 / Quel était le symbole des premiers chrétiens ?

a - La croix latine ☐
b - La croix grecque ☐
c - Le pain ☐
d - Le poisson ☐

21 / Les portraits ou images qui, suivant la tradition chrétienne, sont dus à un miracle se dénomment :

a - Acheiropoïètes ☐
b - Anachorètes ☐
c - Cénobitiques ☐
d - Anaérobiques ☐

22 / Quel empereur romain a entraîné par sa conversion la christianisation du monde antique ?

a - Dioclétien ☐
b - Constantin ☐
c - Julien l'Apostat ☐
d - Trajan ☐

23 / De quelle année date la séparation des églises d'Orient et d'Occident ?

a - 325 ☐
b - 778 ☐
c - 1054 ☐
d - 1214 ☐

24 / Né à Cologne vers 1030, mort en Calabre en 1101, il a fondé l'ordre des Chartreux. De qui s'agit-il ?

a - Saint Bernard ☐
b - Saint François d'Assise ☐
c - Saint Bruno ☐
d - Saint Vincent de Paul ☐

25 / Quel concile a précisé les dogmes de l'Église catholique face à la Réforme protestante ?

a - Le concile de Nicée ☐
b - Le concile de Latran ☐
c - Le concile de Trente ☐
d - Le concile de Vatican I ☐

26 / L'édit de Nantes, dit « édit de pacification », signé le 13 avril 1598 par Henri IV, mettait fin aux guerres de Religion en France. Cet édit allait s'appliquer pendant :

a - 54 ans ☐
b - 87 ans ☐
c - 105 ans ☐
d - Il s'applique toujours. ☐

27 / Qui fut pape durant la Seconde Guerre mondiale ?

a - Benoît XV ☐
b - Pie XI ☐
c - Pie XII ☐
d - Jean XXIII ☐

28 / Au 1er janvier 2019, combien de papes se sont succédé à la tête de l'Église catholique ?

a - 266 ☐
b - 127 ☐
c - 201 ☐
d - 393 ☐

29 / Au bout de combien d'années passées dans les ordres les religieuses portent-elles un anneau d'or ?

a - 10 ans ☐
b - 20 ans ☐
c - 30 ans ☐
d - 50 ans ☐

30 / Qu'ont célébré les protestants en 1983 ?

a - Le 500e anniversaire de la naissance de Luther ☐
b - Le 500e anniversaire de la mort de Luther ☐
c - Le 500e anniversaire de la naissance de Luther ☐
d - Le 500e anniversaire de la naissance de Calvin ☐

31 / Quelle communauté religieuse a été fondée par George Fox au XVIIe siècle ?

a - Les mormons ☐
b - Les quakers ☐
c - Les Témoins de Jéhovah ☐
d - Les pentecôtistes ☐

32 / Les habitants chrétiens de l'Égypte sont des :

a - Coptes ☐
b - Assyriens ☐
c - Nestoriens ☐
d - Catholiques ☐

33 / Quel archange aurait visité Mahomet pour lui révéler l'existence d'Allah ?

a - Michel ☐
b - Raphaël ☐
c - Gabriel ☐
d - Chérubin ☐

34 / Dans le Coran, une sourate est :

a - Un chapitre ☐
b - Un verset ☐
c - Un livre ☐
d - Une colonne ☐

35 / Mahomet a vécu :

a - De 272 à 337 ☐
b - De 473 à 435 ☐
c - De 571 à 632 ☐
d - De 674 à 748 ☐

36 / Combien d'épouses aurait eu Mahomet ?

a - 4 ☐
b - 5 ☐
c - 7 ☐
d - 11 ☐

37 / Aujourd'hui, quel est le pays qui comporte le plus de musulmans ?

a - La Turquie ☐
b - La Chine ☐
c - L'Inde ☐
d - L'Indonésie ☐

38 / Quel événement constitue le point de départ du calendrier musulman ?

a - La naissance de Mahomet ☐
b - La mort de Mahomet ☐
c - La mort d'Ali ☐
d - L'Hégire ☐

39 / Dans le monde, quelle proportion des musulmans représentent les chiites ?

a - 2 à 3 % ☐
b - 10 à 15 % ☐
c - 30 % ☐
d - 50 % ☐

40 / Quelle est la religion d'État de la Malaisie ?

a - L'islam sunnite ☐
b - L'islam chiite ☐
c - Le bouddhisme ☐
d - Le catholicisme ☐

41 / Que représente le *mikvé* dans la religion juive ?

a - Une prière pour le pardon ☐
b - Un bain rituel utilisé pour l'ablution ☐
c - Une icône de YHWH ☐
d - Une école juive ☐

42 / Qui a détruit le Temple de Jérusalem, en l'an 70 ?

a - Vespasien ☐
b - Hadrien ☐
c - Hérode ☐
d - Titus ☐

43 / Dans la religion juive, cette cérémonie, souvent organisée un mois après la naissance, permet d'accueillir les filles dans la communauté. Comment s'appelle-t-elle ?

a - La *Brith Milah* ☐
b - La *Bar Mitzvah* ☐
c - Le *Zeved Habat* ☐
d - La *Mischna* ☐

44 / De quel pays le vaudou est-il originaire ?

a - Cuba ☐
b - Haïti ☐
c - La Guinée ☐
d - Le Bénin ☐

45 / Dans le bouddhisme tibétain, le chef spirituel se dénomme « dalaï-lama ». Ce titre signifie :

a - Être d'éveil ☐
b - Mer d'érudition ☐
c - Océan de sagesse ☐
d - Être de paix ☐

UNE BELLE EXPRESSION

UN ANGE PASSE

Les anges sont avant tout des esprits au service de Dieu, des intermédiaires entre Dieu et les simples mortels. On les crédite toujours d'une patience bienveillante et d'un sourire radieux. Et lorsque dans une assemblée l'un d'eux passe, c'est en catimini, comme en secret. On ne le voit pas, on ne l'entend pas : il laisse un blanc… dans la communication, créant soit un malaise, soit un repos bienvenu après une discussion animée…

LES DATES À RETENIR

1572

Massacre de la Saint-Barthélémy

À partir du 24 août, les protestants gascons réunis à Paris pour le mariage de leur suzerain Henri de Navarre sont tués jusque dans l'enceinte du Louvre.

1905

Séparation de l'Église et l'État

La loi de 1905 stipule que la République assure la liberté de conscience. Elle garantit le libre exercice des cultes.

PHILOSOPHIE

Dès l'origine, la philosophie a puisé à plusieurs sources : d'Égypte fut importé le goût des mathématiques, de l'astronomie, de la médecine ; de Mésopotamie, la croyance au destin, ainsi que les rudiments d'une mentalité juridique. Élevée au rang de discipline de la connaissance par excellence par les philosophes de la Grèce antique, elle s'épanouit ensuite dans tout le monde occidental, où les philosophes contribuent à faire évoluer, parfois au péril de leur vie, les mentalités de leurs contemporains.

Solutions des quiz page 92

1 / Également connu pour ses travaux de mathématiques, il aurait inventé le mot « philosophe ». De qui s'agit-il ?

- **a -** Pythagore ☐
- **b -** Thalès ☐
- **c -** Platon ☐
- **d -** Euclide ☐

2 / Lequel de ces penseurs n'est pas un philosophe présocratique ?

- **a -** Parménide ☐
- **b -** Anaxagore ☐
- **c -** Anaximandre ☐
- **d -** Pyrrhon ☐

3 / Ce philosophe présocratique a affirmé qu'« on ne se baigne jamais deux fois dans le même fleuve ». Qui est-ce ?

- **a -** Platon ☐
- **b -** Démocrate ☐
- **c -** Anaxagore ☐
- **d -** Héraclite ☐

4 / Quel penseur est considéré comme le père de la tradition matérialiste ?

- **a -** Épicure ☐
- **b -** Démocrite ☐
- **c -** Platon ☐
- **d -** Socrate ☐

5 / Qui a affirmé : « L'homme est la mesure de toute chose » ?

- **a -** Platon ☐
- **b -** Gorgias ☐
- **c -** Protagoras ☐
- **d -** Socrate ☐

6 / Les *Idées* selon Platon sont :

- **a -** Les thèses des philosophes de son temps ☐
- **b -** Les opinions de la foule qu'il faut discuter et combattre ☐
- **c -** Les apparences du monde sensible ☐
- **d -** Les réalités essentielles et originelles de toute chose ☐

7 / Platon a affirmé la thèse de l'immortalité de l'âme dans :

- **a -** L'*Ion* ☐
- **b -** Le *Phédon* ☐
- **c -** L'*Hippias majeur* ☐
- **d -** Le *Ménexène* ☐

8 / Dans l'Antiquité, les disciples de Platon étaient appelés les :

- **a -** Platoniques ☐
- **b -** Platoniens ☐
- **c -** Académiciens ☐
- **d -** Péripatéticiens ☐

9 / Quel nom portait l'école philosophique d'Épicure ?

- **a -** La Montagne ☐
- **b -** Le Lycée ☐
- **c -** Le Jardin ☐
- **d -** L'Arrière-Cour ☐

LE MOT À REDÉCOUVRIR

MAÏEUTIQUE

Méthode de la philosophie socratique consistant à amener un interlocuteur à prendre conscience de ce qu'il sait implicitement.

QUI EST

SOCRATE

Athénien réputé pour sa sagesse – il aimait à dire : « Je ne sais qu'une chose, c'est que je ne sais rien » –, Socrate n'a laissé aucun écrit. Sa pensée et sa réputation ont été transmises par des témoignages indirects, notamment par deux de ses disciples, Platon et Xénophon, qui mettent en scène leur maître dans leurs œuvres respectives. Simplement vêtu, Socrate se promenait partout, dialoguant avec tous et incitant chacun à « se connaître soi-même ». Accusé de corrompre la jeunesse et de ne pas respecter les dieux de la cité, il accepta sa condamnation à mort et but la ciguë en 399 avant J.-C.

10 / Qui a défini l'homme comme un animal politique ?

a - Socrate ☐
b - Platon ☐
c - Aristote ☐
d - Épicure ☐

11 / Pour Aristote, le bonheur réside dans :

a - La vertu ☐
b - Le plaisir ☐
c - La richesse ☐
d - La gloire ☐

12 / Lequel de ces philosophes antiques n'était pas stoïcien :

a - Zénon de Cition ☐
b - Épictète ☐
c - Chrysippe ☐
d - Lucrèce ☐

13 / Quelle école philosophique désigne le mot « Portique » ?

a - L'épicurisme ☐
b - Le scepticisme ☐
c - L'aristotélisme ☐
d - Le stoïcisme ☐

14 / Quel empereur romain fut également un philosophe stoïcien ?

a - Néron ☐
b - Claude ☐
c - Hadrien ☐
d - Marc-Aurèle ☐

15 / Qui a écrit au Moyen Âge une immense *Somme théologique* ?

a - Saint Augustin ☐
b - John Duns Scot ☐
c - Saint Thomas d'Aquin ☐
d - Saint Bonaventure ☐

16 / Au Moyen Âge, la querelle des universaux opposa :

a - Les thomistes aux augustiniens ☐
b - Les réalistes aux nominalistes ☐
c - La droite à la gauche ☐
d - Les catholiques aux hérétiques ☐

17 / Né en 1126, ce philosophe commenta les livres d'Aristote et fut condamné comme hérétique par les autorités musulmanes de son temps. De qui s'agit-il ?

a - Averroès ☐
b - Avicenne ☐
c - Ibn Khaldoun ☐
d - Al-Farabî ☐

18 / Laquelle de ces œuvres doit-on au philosophe humaniste Érasme (1469-1536) ?

a - L'*Éloge de la folie* ☐
b - *L'Institution de Jésus-Christ* ☐
c - La *Confession d'Augsbourg* ☐
d - La *Donation de Constantin* ☐

19 / Qui a affirmé le premier : « L'homme est un loup pour l'homme » ?

a - Thomas Hobbes ☐
b - Sigmund Freud ☐
c - Plaute ☐
d - Nicolas Machiavel ☐

20 / Pour Descartes, les animaux sont :

a - Comme des machines ☐
b - Des êtres sensibles dont il faut minimiser la souffrance ☐
c - Les meilleurs amis de l'homme ☐
d - Des créatures qui attestent de l'imperfection de la Création ☐

21 / Qu'est-ce que le *conatus* selon Baruch Spinoza (1632-1677) ?

a - Une personne vile et méprisable ☐
b - Une sorte de démon qui conseille parfois les philosophes ☐
c - L'effort pour comprendre le monde qui nous entoure ☐
d - L'effort pour persévérer dans son être qui caractérise tout ce qui existe ☐

LES GRANDS MOUVEMENTS

LA SCOLASTIQUE

Après les invasions barbares, du VIe au IXe siècle, qui font sombrer la pensée occidentale, l'ouverture d'écoles par Charlemagne est une véritable renaissance pour la culture. C'est de là que vient le nom de scolastique : du latin *scola*, école, nom que l'on donne à la philosophie chrétienne entre le IXe et le XVIe siècle. Elle se définit par une étroite collaboration entre la philosophie et la théologie. Trois périodes importantes marquent son évolution. Une première, dite platonicienne, entre le IXe et le XIIe siècle, une seconde au XIIIe siècle, considérée comme son âge d'or, et une troisième du XIVe à la fin du XVIe siècle, qui en marque la fin.

LE CARTÉSIANISME

Célèbre philosophe français, René Descartes (1596-1650) est considéré comme le fondateur du rationalisme moderne. La philosophie morale stoïcienne et la philosophie scolastique, dont il reprend la terminologie, sont les principales sources de ses concepts. En Hollande, en France, en Allemagne, en Angleterre et en Italie, le cartésianisme se répand rapidement. Toute la philosophie moderne se reconnaît bientôt en Descartes. Ce que nous a légué surtout l'esprit cartésien, c'est l'idée critique, qui marque le plus profondément notre philosophie moderne sur le problème de la connaissance. De son système de pensée naît un double courant : le rationalisme, illustré par Malebranche, Spinoza, Leibniz, et l'empirisme, qui en est dépendant puisqu'il se présente comme son adversaire, avec pour principaux représentants Locke, Berkeley, Hume.

LES DATES À RETENIR

-427

Platon

Naissance de Platon, qui fut l'élève de Socrate et qui peut être considéré comme l'inventeur de la philosophie. Son œuvre est essentiellement composée de dialogues.

1516

Thomas More

L'Anglais Thomas More publie *L'Utopie*, qui présente une cité idéale, régie par le principe d'égalité. C'est l'un des fondements du mouvement humaniste.

1781

Emmanuel Kant

Emmanuel Kant publie *Critique de la raison pure*, considérée comme son oeuvre majeure.

1848

Manifeste du parti communiste

Karl Marx et Friedrich Engels se rencontrent à Paris en 1844. C'est le début d'une longue amitié et d'une collaboration qui donnera notamment naissance, en 1848, au *Manifeste du parti communiste*.

1938

Jean-Paul Sartre

Jean-Paul Sartre publie *La Nausée*, livre dans lequel il présente son expérience philosophique de l'être.

22 / Qui a dit de l'imagination qu'elle est une « maîtresse d'erreur et de fausseté » ?

a - Blaise Pascal ☐
b - Baruch Spinoza ☐
c - Michel de Montaigne ☐
d - René Descartes ☐

23 / Ce philosophe, mort presque centenaire, a écrit des *Entretiens sur la pluralité des mondes*. De qui s'agit-il ?

a - Voltaire ☐
b - Bernard de Fontenelle ☐
c - René Descartes ☐
d - Guillaume-Thomas Raynal ☐

24 / Quel philosophe a proposé la séparation de l'Église et de l'État dans son *Tractatus politicus* ?

a - Emmanuel Kant ☐
b - Baruch Spinoza ☐
c - David Hume ☐
d - Georg Hegel ☐

25 / Quel philosophe a été caricaturé par Voltaire sous les traits de Pangloss, précepteur de Candide ?

a - Gottfried Leibniz ☐
b - François Fénelon ☐
c - Jean-Jacques Rousseau ☐
d - Blaise Pascal ☐

26 / Dans quelle ville allemande a vécu et enseigné Emmanuel Kant ?

a - Königsberg ☐
b - Berlin ☐
c - Iéna ☐
d - Tübingen ☐

27 / Chez Kant, le jugement esthétique est :

a - Particulier ☐
b - Universel ☐
c - Général ☐
d - Subjectif ☐

28 / Pour un individu, qu'est-ce que l'« hétéronomie » ?

a - La soumission ☐
b - La dépendance ☐
c - L'aliénation ☐
d - La servitude ☐

29 / La philosophie kantienne autorise le mensonge :

a - Dans certains cas ☐
b - Toutes les fois que c'est utile à l'individu ☐
c - Jamais ☐
d - Une fois par an tout au plus ☐

30 / Qui a écrit : « L'homme est né libre et partout il est dans les fers » ?

a - Blaise Pascal ☐
b - Thomas Hobbes ☐
c - Nicolas Machiavel ☐
d - Jean-Jacques Rousseau ☐

31 / En 1806, Hegel voit passer « l'Esprit du monde sur un cheval ». Qui a-t-il aperçu ?

a - Johann Goethe ☐
b - Emmanuel Kant ☐
c - Napoléon ☐
d - Lui-même, dans un miroir ☐

32 / Qui est l'auteur du *Cours de philosophie positive* ?

a - Maine de Biran ☐
b - Georg Hegel ☐
c - Karl Marx ☐
d - Auguste Comte ☐

33 / Parmi ces philosophes, lequel n'est pas considéré comme un penseur idéaliste ?

a - René Descartes ☐
b - Karl Marx ☐
c - Johann Fichte ☐
d - Emmanuel Kant ☐

34 / Qui a comparé l'existence humaine à « un pendule qui oscille entre la souffrance et l'ennui » ?

a - Emmanuel Kant ☐
b - Arthur Schopenhauer ☐
c - Georg Hegel ☐
d - Blaise Pascal ☐

35 / Pour quel auteur les démocraties sont-elles menacées par l'avènement d'un « despotisme doux et bienveillant » ?

a - Alexis de Tocqueville ☐
b - Jean-Jacques Rousseau ☐
c - Benjamin Constant ☐
d - Karl Marx ☐

36 / Qui a parlé de l'État comme du « plus froid des monstres froids » ?

a - Thomas Hobbes ☐
b - Nicolas Machiavel ☐
c - Georg Hegel ☐
d - Friedrich Nietzsche ☐

37 / Lequel de ces ouvrages n'a pas été écrit par Henri Bergson (1859-1941) ?

a - *Le Rire* ☐
b - *L'Évolution créatrice* ☐
c - *Matière et mémoire* ☐
d - Les *Méditations cartésiennes* ☐

38 / Laquelle de ces citations de Jean-Paul Sartre est correcte :

a - « L'existence précède l'essence. » ☐
b - « L'essence précède l'existence. » ☐
c - « Il n'y a pas d'existence. » ☐
d - « Il faut faire primer l'essence sur l'apparence. » ☐

39 / Quel philosophe français a développé la notion d'« obstacle épistémologique » ?

a - Maurice Merleau-Ponty ☐
b - Maurice Blanchot ☐
c - Gaston Bachelard ☐
d - Alexandre Kojève ☐

40 / Ce philosophe critique la technique moderne, où il voit une entreprise d'« arraisonnement de l'être ». De qui s'agit-il ?

a - Henri Bergson ☐
b - Jean-Paul Sartre ☐
c - Luc Ferry ☐
d - Martin Heidegger ☐

41 / Quel auteur contemporain publie en 1987 *La Défaite de la pensée* ?

a - André Glucksmann ☐
b - Luc Ferry ☐
c - Alain Finkielkraut ☐
d - André Comte-Sponville ☐

LES GRANDS MOUVEMENTS

LES LUMIÈRES

Dans le *Dictionnaire de l'académie* (1694), le mot lumière est d'abord employé, au sens métaphorique, dans un registre théologique. On parle de « lumière de la foi » ou de « lumière de l'Évangile ». Dès le milieu du XVIIIe siècle, son emploi commence à évoluer. Dans une lettre adressée à Helvétius le 26 juin 1765, Voltaire écrit : « Il est fait depuis douze ans une révolution dans les esprits qui est sensible… La lumière s'étend certainement de tous côtés. » En Allemagne, où le mouvement fait florès, Kant parlera d'*Aufklärung*. Le terme désigne d'abord l'attitude intellectuelle consistant à se libérer du joug de l'obscurantisme religieux par le recours à une méthode expérimentale empruntée à la science puis, par métonymie, les adeptes de cette méthode rationaliste, c'est-à-dire les philosophes eux-mêmes.

LA DIALECTIQUE HÉGÉLIENNE

Pour Georg Hegel (1770-1831) comme pour Platon, la dialectique représente le mouvement de la philosophie, le développement de la raison. Elle a pour objet de lever les contradictions, autrement dit de les surmonter. Elle procède par thèse, antithèse et synthèse. La thèse est appelée *concept abstrait*, l'antithèse *concept dialectique* ou réfléchi, la synthèse *concept spéculatif*.

42 / Quel auteur contemporain a dénoncé, en collaboration avec Alain Renaut, les impasses de « la pensée 68 » ?

a - Luc Ferry ☐
b - Edgard Morin ☐
c - André Glucksmann ☐
d - Alain Minc ☐

D'OÙ VIENT CETTE CITATION ?

PHILOSOPHER C'EST APPRENDRE À MOURIR

Un titre résume l'oeuvre de Michel Eyquem de Montaigne : *Les Essais* (1580-1588). Montaigne, pétri de culture grecque et latine, tente d'y cerner ce qu'il appelle « l'humaine condition » en se prenant comme objet de l'analyse : « C'est moi que je peins ». Dans une époque violente, déchirée par les guerres de religion, la mort est un phénomène omniprésent qui obsède Montaigne, marqué par la disparition prématurée de son ami La Boétie (1530-1563). Ainsi, il explore les différentes pistes philosophiques sur le sujet et prône un temps la position des stoïciens qui consiste à apprivoiser le phénomène en y réfléchissant constamment : « Que philosopher c'est apprendre à mourir » (*Essais*, Livre I). Mais un grave accident de cheval lui fera réviser son jugement: la peur de mourir éprouvée à cette occasion l'incitera plutôt à penser que l'on n'y est jamais préparé. Il se ralliera à la position d'Épicure qui affirme que « la mort n'est rien pour nous, puisque, tant que nous existons nous-mêmes, la mort n'est pas, et que, quand la mort existe, nous ne sommes plus. » (*Lettre à Ménécée*).

HANNAH ARENDT

Hannah Arendt (1906-1975) est reconnue comme l'une des figures majeures de la pensée contemporaine. Née à Hanovre, en Allemagne, cette ancienne élève de Heidegger s'exile en France de 1933 à 1940 avant de partir pour les États-Unis où elle enseigne. On lui doit d'avoir approfondi des thèmes tels l'antisémitisme et le totalitarisme, l'activité politique, la modernité. Ses principaux ouvrages ont été traduits en français : *Les Origines du totalitarisme* (1951), *Condition de l'homme moderne* (1958), *Eichmann à Jérusalem.Rapport sur la banalité du mal* (1963), ou encore *La Crise de la culture* (1961), *La Nature du totalitarisme* (1990).

LANGUE FRANÇAISE
& MATHÉMATIQUES

LANGUE FRANÇAISE

L'orthographe, la grammaire et la conjugaison : notre langue est réputée pleine de difficultés et de chausse-trapes. D'aucuns parleraient plus volontiers de subtilités ! Quoi qu'il en soit, elle reste une source inépuisable de découvertes… et de plaisirs ! Nous vous proposons dans ces quelques pages de réviser vos connaissances et de déjouer tous les pièges qu'elle nous tend. Des redoublements de consonnes qui nous font hésiter au pluriel des mots composés en passant par les homonymes et l'identification du temps et du mode des verbes, qui est certain de faire zéro faute ?

Solutions des quiz page 94

1 / Lequel de ces mots n'est pas correctement orthographié au singulier ?

a - Relai ☐
b - Délai ☐
c - Balai ☐
d - Remblai ☐

2 / Quel mot est mal orthographié ?

a - Charrette ☐
b - Charriot ☐
c - Charretier ☐
d - Charroi ☐

3 / Quel mot est mal orthographié ?

a - Exhaucer ☐
b - Exhaustif ☐
c - Exhorter ☐
d - Exhiber ☐

4 / Trouvez la bonne orthographe.

a - Ornithorinque ☐
b - Ornithorynque ☐
c - Ornithorinke ☐
d - Ornitorynque ☐

5 / Trouvez la bonne orthographe.

a - Siccophante ☐
b - Syccofante ☐
c - Sichophante ☐
d - Sycophante ☐

6 / Quelle est la bonne orthographe ?

a - Amygdales ☐
b - Amygdalles ☐
c - Amigdales ☐
d - Amigdalles ☐

7 / Quel mot présente un redoublement de consonne erroné ?

a - Affaissemment ☐
b - Concurremment ☐
c - Différemment ☐
d - Incessamment ☐

8 / Complétez correctement la phrase suivante : « ... blessé, il est ... à venir. »

a - Quoique ... près ☐
b - Quoi que ... près ☐
c - Quoi que ... prêt ☐
d - Quoique ... prêt ☐

9 / Ce malade souffre d'une :

a - Sinusite ☐
b - Synusite ☐
c - Sinusyte ☐
d - Synusyte ☐

10 / Complétez : « La deuxième ... de cet examen aura lieu en septembre »

a - Scission ☐
b - Cession ☐
c - Scession ☐
d - Session ☐

11 / Quel mot prend un accent circonflexe ?

a - Chapitre ☐
b - Déjeuner ☐
c - Cable ☐
d - Chalet ☐

12 / Quelle phrase est correctement orthographiée ?

a - Il me parle souvent en termes sybilins. ☐
b - Il me parle souvent en termes sibyllins. ☐
c - Il me parle souvent en termes sibylins. ☐
d - Il me parle souvent en termes sybillins. ☐

13 / Ce bandit n'aimerait pas :

a - Qu'on repère son repaire. ☐
b - Qu'on repaire son repaire. ☐
c - Qu'on repère son repère. ☐
d - Qu'on repaire son repère. ☐

14 / Quel mot est correctement orthographié ?

a - Une logorhée ☐
b - Une logorrée ☐
c - Une logorée ☐
d - Une logorrhée ☐

15 / Donnez le genre d'« antre » et de « mandibule ».

a - Les deux sont féminins. ☐
b - Les deux sont masculins. ☐
c - Féminin et masculin. ☐
d - Masculin et féminin. ☐

16 / Lequel de ces mots est féminin ?

a - Obélisque ☐
b - Florilège ☐
c - Anacoluthe ☐
d - Pastiche ☐

17 / Lequel de ces mots n'est pas masculin ?

a - Lignite ☐
b - Tentacule ☐
c - Oasis ☐
d - Alvéole ☐

18 / Lequel de ces mots est féminin ?

a - Anagramme ☐
b - Acrostiche ☐
c - Albâtre ☐
d - Effluve ☐

19 / Parmi les noms suivants, lequel n'est pas du genre masculin ?

a - Augure ☐
b - Appendice ☐
c - Pétale ☐
d - Éphéméride ☐

20 / Le mot « élytre » est :

a - Masculin ☐
b - Féminin ☐
c - Neutre ☐
d - Invariable ☐

21 / Lequel de ces mots est d'un genre différent des trois autres ?

a - Aphte ☐
b - Colchique ☐
c - Amiante ☐
d - Météorite ☐

22 / Quelle est l'orthographe correcte ?

a - Tous les dimanche matin ☐
b - Tous les dimanche matins ☐
c - Tous les dimanches matin ☐
d - Tous les dimanches matins ☐

23 / Comment écrit-on « timbre-poste » au pluriel ?

a - Des timbres-postes ☐
b - Des timbres-poste ☐
c - Des timbre-postes ☐
d - Des timbre-poste ☐

24 / Quel est le pluriel de « haut-parleur » ?

a - Des hauts-parleurs ☐
b - Des haut-parleur ☐
c - Des hauts-parleur ☐
d - Des haut-parleurs ☐

25 / Quel est le pluriel de « chef-d'œuvre » ?

a - Des chefs-d'œuvre ☐
b - Des chefs-d'œuvres ☐
c - Des chef-d'œuvre ☐
d - Des chef-d'œuvres ☐

26 / Mettez « un ayant-droit » au pluriel.

a - Des ayant droit ☐
b - Des ayants droit ☐
c - Des ayant droits ☐
d - Des ayants droits ☐

27 / Quel nom de couleur est invariable ?

a - Bleu ☐
b - Marron ☐
c - Rouge ☐
d - Vert ☐

28 / Laquelle de ces formules est mal orthographiée ?

a - Deux grammes et demi ☐
b - Une demi-heure ☐
c - Trois demi-litres ☐
d - Huit heures et demi ☐

29 / Laquelle de ces propositions est correctement orthographiée ?

a - En son for intérieur ☐
b - En son fort intérieur ☐
c - En son fors intérieur ☐
d - En son ford intérieur ☐

30 / Complétez la phrase : « Ils se sont déchaînés … contre moi. »

a - À l'envie ☐
b - À l'envi ☐

31 / Complétez : « Elle vit … de son frère. »

a - Aux dépents ☐
b - Au dépend ☐
c - Aux dépends ☐
d - Aux dépens ☐

32 / Quelle phrase est correctement orthographiée ?

a - Ces grandes vacances commencent sous les meilleures hospices. ☐
b - Ces grandes vacances commencent sous les meilleurs hospices. ☐
c - Ces grandes vacances commencent sous les meilleurs auspices. ☐
d - Ces grandes vacances commencent sous les meilleures auspices. ☐

33 / Trouvez la bonne orthographe de l'expression dont l'abréviation est « CV ».

a - Curriculum vite ☐
b - Curiculum vité ☐
c - Curriculum vitæ ☐
d - Curiculum vitæ ☐

34 / De quelqu'un qui aime bien manger, on dit qu'il aime…

a - La bonne chère ☐
b - La bonne chair ☐
c - La bonne cher ☐
d - La bonne chaire ☐

35 / Quel nombre ou numéro est mal orthographié ?

a - Vingt et un ☐
b - Trente-sept ☐
c - Quatre-vingt-dix-neuf ☐
d - Le quarante quatrième rang ☐

36 / Complétez : « Ce contrat a été signé sous … privé. »

a - Saint ☐
b - Sein ☐
c - Seing ☐
d - Seint ☐

37 / Quel mot est synonyme d'« entouré » ?

a - Ceint ☐
b - Seing ☐
c - Sein ☐
d - Saint ☐

38 / Compétez : « Cet argument n'est pas… »

a - Convainquant ☐
b - Convaincant ☐

39 / Un désaccord entre deux personnes est :

a - Une dissention ☐
b - Une discension ☐
c - Une dissension ☐

40 / Quelle est l'expression correcte ? « Il a gagné… »

a - Des milles et des cents ☐
b - Des mille et des cents ☐
c - Des mille et des cent ☐
d - Des milles et des cent ☐

41 / Complétez : « Il fait une chaleur… »

a - Suffocante ☐
b - Suffoquante ☐
c - Sufoquante ☐
d - Sufoncante ☐

42 / Complétez : « Un malentendu est à l'origine du … qui les oppose. »

a - Différent ☐
b - Différant ☐
c - Différend ☐
d - Différrent ☐

43 / Complétez : « La question reste en … »

a - Suspense ☐
b - Suspens ☐
c - Suspend ☐
d - Suspen ☐

44 / Dans la phrase : « La cigale se trouva fort dépourvue quand la bise fut venue », à quel temps est conjugué le verbe « venir » ?

a - Indicatif passé composé ☐
b - Conditionnel passé ☐
c - Indicatif passé antérieur ☐
d - Subjonctif passé ☐

45 / Quelle est la conjugaison correcte du verbe « croître » à la deuxième personne du pluriel de l'imparfait de l'indicatif ?

a - Vous croîtiez ☐
b - Vous croyiez ☐
c - Vous croissiez ☐
d - Vous croîtriez ☐

46 / Quelle est la forme correcte du verbe dans la phrase suivante : « Bien qu'il ne ... pas totalement étranger à cette décision, il s'en trouva déconcerté. » ?

a - Fut ☐
b - Fusse ☐
c - Fût ☐
d - Fût-ce ☐

47 / Quelle est la troisième personne du présent de l'indicatif du verbe « résoudre » ?

a - Il résoud ☐
b - Il résout ☐
c - Il résolut ☐
d - Il résolve ☐

48 / Quelle est la forme correcte ?

a - J'absoud ☐
b - J'absous ☐
c - J'absouds ☐
d - J'absouts ☐

49 / Quelle est la phrase mal orthographiée ?

a - La matinée lui parut longue et son travail irritant bien qu'il l'aimât. ☐
b - Il faut que nous cueillions ces fruits avant la pluie. ☐
c - Bien qu'il eût dépassé la soixantaine, sa barbe était noire. ☐
d - Attends que j'ai fini cet exercice. ☐

50 / Complétez la phrase « Après qu'il … mangé. »

a - Eût ☐
b - Eut ☐
c - Eusse ☐
d - Eu ☐

51 / La forme « Que nous ayons fini » est :

a - Du conditionnel plus-que-parfait ☐
b - Du subjonctif passé ☐
c - Du subjonctif plus-que-parfait ☐
d - Du subjonctif imparfait ☐

52 / Trouvez la bonne terminaison des verbes suivants : « Je recou[...] un bouton, je résou[...] le problème de ma fille qui ne sait quelle robe mettre, je mou[...] le café, je jou[...] aux cubes avec le petit, je dissou[...] une aspirine pour mon mari qui a la migraine. »

a - Recouds – résous – mouds – joue – dissous ☐
b - Recous – résous – mous – joue – dissous ☐
c - Recoud – résoud – moud – joue – dissoud ☐
d - Recouds – résouds – mouds – joue – dissouds ☐

53 / Quel est l'infinitif de la forme verbale « il gît » ?

a - Gire ☐
b - Gésir ☐
c - Giser ☐
d - Gîter ☐

54 / Complétez à l'aide de l'imparfait du subjonctif : « Il fallait qu'il … au plus vite. »

a - Coure ☐
b - Courre ☐
c - Courût ☐
d - Courrusse ☐

55 / Conjuguez le verbe « faillir » à la première personne de l'indicatif.

a - Je faille ☐
b - Je faux ☐
c - Je faus ☐
d - Je faillis ☐

56 / Quel est le passé antérieur du verbe « secourir » à la troisième personne du singulier ?

a - Il a secouru ☐
b - Il aurait secouru ☐
c - Il eût secouru ☐
d - Il eut secouru ☐

57 / Quel est le temps utilisé dans l'expression « J'ai eu aimé » ?

a - Le passé composé de l'indicatif ☐
b - Le plus-que-parfait du subjonctif ☐
c - Le passé surcomposé de l'indicatif ☐
d - Cette forme n'existe pas ☐

58 / Parmi les propositions suivantes, laquelle permet de compléter correctement cette phrase : « Elle s'est (…) les dents. » ?

a - Brossée ☐
b - Brosser ☐
c - Brossé ☐
d - Brossées ☐

59 / Quelle est la forme correcte ?

a - L'histoire de laquelle je me rappelle. ☐
b - L'histoire dont je me rappelle. ☐
c - L'histoire que je me rappelle. ☐
d - L'histoire que je me souviens. ☐

60 / Quelle est la forme correcte ?

a - Pour pallier à ses problèmes de grammaire, elle a décidé d'apprendre par cœur son manuel. ☐
b - Pour pallier ses problèmes de grammaire, elle a décidé d'apprendre par cœur son manuel. ☐
c - Pour palier à ses problèmes de grammaire, elle a décidé d'apprendre par cœur son manuel. ☐
d - Pour palier ses problèmes de grammaire, elle a décidé d'apprendre par cœur son manuel. ☐

61 / Quelle est la proposition correcte ?

a - Elles se sont succédées sur le trône. ☐
b - Elles se sont succéder sur le trône. ☐
c - Elles se sont succédé sur le trône. ☐
d - Elles se sont succédés sur le trône. ☐

62 / Quelle est la forme correcte ?

a - Vos bonbons, j'en ai mangés. ☐
b - Vos bonbons, j'en ai manger. ☐
c - Vos bonbons, j'en ai mangé. ☐

63 / Quelle est la forme correcte ?

a - Les profits qu'il en a tirés. ☐
b - Les profits qu'il en a tiré. ☐
c - Les profits qu'il en a tirer. ☐
d - Les profits qu'il en a tiret. ☐

64 / Soit la phrase : « Grand spécialiste, Mathieu nous a donné de précieux conseils. » Quelle est la fonction de « Grand spécialiste » ?

a - Épithète ☐
b - Sujet ☐
c - Apostrophe ☐
d - Apposition ☐

65 / Soit la phrase : « Ils ont appelé leur fille Clara. » Quelle est la fonction du nom souligné ?

a - Complément d'objet second ☐
b - Attribut de l'objet ☐
c - Sujet ☐
d - Épithète ☐

MATHÉMATIQUES

Le mot « mathématique » vient du grec mathêma, *« science ». Par définition, le mathématicien est avant tout le praticien de la science reine, celle qui sert, par sa méthode, de modèle aux autres sciences exactes. Science dite « pure », elle repose sur un mécanisme de déduction et ne propose pas comme finalité immédiate une utilité concrète. Il s'agit de démontrer, en suivant les lois logiques, la validité d'une théorie. On distingue généralement trois branches au sein de cette discipline : l'algèbre, la géométrie et l'analyse.*

Solutions des quiz page 95

1 / Au cours d'un orage, il est tombé 30 mm d'eau sur un jardin de 50 m × 30 m. 20 % de l'eau s'est évaporée. Quelle masse d'eau s'est infiltrée dans le sol ?

a - 360 kg ☐
b - 3 600 kg ☐
c - 36 t ☐
d - 360 t ☐

2 / Vous jouez à pile ou face avec une autre personne. Quelle est la probabilité que vous perdiez trois fois de suite ?

a - 50 % ☐
b - 12,5 % ☐
c - 25 % ☐
d - 6,25 % ☐

3 / La formule $(3x - 1)^2 + 3(1 - 3x)(x + 2)$ a pour résultat :

a - $7 - 21x$ ☐
b - $6x + 3$ ☐
c - $x^2 + 6$ ☐
d - $6x - 2$ ☐

4 / Quel est le carré du quart du tiers de 12 ?

a - 9 ☐
b - 1 ☐
c - 3 ☐
d - 2 ☐

5 / Une carte routière est à l'échelle 1/250 000. Quelle distance réelle représentent 4 cm sur cette carte ?

a - 25 km ☐
b - 100 km ☐
c - 1 km ☐
d - 10 km ☐

6 / L'équation $x^2 + 15 = 11$ a pour solution(s) :

a - 4 et - 4 ☐
b - $\sqrt{11}$ ☐
c - $\sqrt{-8}$ et 8 ☐
d - Cette équation est impossible. ☐

7 / Le nombre 11 est égal à :

a - $(\sqrt{12})^2$ ☐
b - 3,31 ☐
c - $\sqrt{121}$ ☐
d - $\sqrt{231}$ ☐

8 / Complétez la suite : A, B, E, C, I, D, O :

a - F ☐
b - G ☐
c - H ☐
d - I ☐

9 / Complétez la suite : 1, 20, 300 :

a - 500 ☐
b - 321 ☐
c - 4 000 ☐
d - 5 466 ☐

10 / Qui est le plus rapide : un athlète courant le 100 m en 10 s ou un cycliste roulant à 36 km/h ?

a - L'athlète ☐
b - Le cycliste ☐
c - Ils sont aussi rapides l'un que l'autre. ☐
d - Il est impossible de les comparer. ☐

11 / Quels chiffres manquent dans la liste suivante : 15, 4, 13, 8, 11, 12, 9, ?, ?, 20, 5 ?

a - 10 et 5 ☐
b - 12 et 6 ☐
c - 16 et 7 ☐
d - 12 et 8 ☐

12 / Si on emploie les chiffres, 0, 1, 3, 5, 7, 9, pour former des codes de longueur quatre (par exemple : 3 157) et que la répétition du même chiffre est interdite, combien de codes différents est-il possible de former ?

a - 360 ☐
b - 330 ☐
c - 270 ☐
d - 400 ☐

13 / Quelle est la suite logique de : 4, 12, 24, 40,… ?

a - 56 ☐
b - 60 ☐
c - 64 ☐
d - 72 ☐

14 / Quelle est la suite logique de : 81, 72, 63,... ?

a - 54 ☐
b - 56 ☐
c - 66 ☐
d - 70 ☐

15 / Quelle est la suite logique de 54, 1514, 11151114... ?

a - 11511114 ☐
b - 11115114 ☐
c - 31153114 ☐
d - 112452221 ☐

16 / Parmi ces quatre mots, quel est l'intrus ?

a - Paris ☐
b - Bonn ☐
c - Madrid ☐
d - Helsinki ☐

17 / Quel nombre est la dixième partie d'un quart de la cinquième partie de la moitié de 14 000 ?

a - 35 ☐
b - 70 ☐
c - 350 ☐
d - 1 125,50 ☐

18 / Trouvez les 2 lettres manquantes : LNPR - BEHK - ??LP

a - PT ☐
b - ZA ☐
c - DO ☐
d - DH ☐

19 / Un choix est imposé à un condamné à mort. Devant lui se trouvent quatre chambres. Trouvez celle qu'il ferait mieux de choisir.

a - Chambre A : les tueurs les plus sanguinaires s'y trouvent. ☐
b - Chambre B : elle est totalement en flammes. ☐
c - Chambre C : s'y trouvent cinq lions qui n'ont pas mangé depuis trois ans. ☐
d - Chambre D : elle ne contient pas d'eau. ☐

20 / Un TGV part de Paris vers Lyon à 7 h 42. Il roule à 130 km/h. Un omnibus part de Lyon vers Paris à 8 h 17 à la vitesse de 100 km/h. Lequel est le plus proche de Paris lorsqu'ils se croisent ?

a - Le TGV ☐
b - L'omnibus ☐
c - Ils ne se croiseront pas. ☐
d - Ni l'un l'autre ☐

21 / Complétez cette suite logique : U, D, T, Q, C, S, S :

a - H, N, D ☐
b - X, Q, D ☐
c - T, Q, S ☐
d - U, T, C ☐

22 / Un coquillage est accroché à la coque d'un bateau. Le coquillage pend 3 m au-dessus du niveau de l'eau. L'eau monte à 50 cm/heure. En combien de temps l'eau touchera-t-elle le coquillage ?

a - Elle ne le touchera jamais. ☐
b - En 4 heures ☐
c - En 5 heures ☐
d - En 6 heures ☐

23 / Complétez la série : F, 3, J, 2, M, 5 :

a - S ☐
b - R ☐
c - X ☐
d - H ☐

24 / En temps de guerre, un chef de clan veut conquérir 5 000 m² de territoire. Il double son territoire tous les jours. Il met 60 jours pour s'approprier l'ensemble du territoire. Combien de jours lui faut-il pour s'emparer de la moitié de ce territoire ?

a - 7 jours ☐
b - 15 jours ☐
c - 30 jours ☐
d - 59 jours ☐

25 / Si Louis IV a épousé la princesse Pélagie et qu'Auguste IX a épousé la princesse Julia, alors Nicolas VII a épousé :

a - Frénégonde ☐
b - Urbaine ☐
c - Violette ☐
d - Calliope ☐

26 / Comment calcule-t-on le périmètre d'un cercle de rayon *r* ?

a - $2\,(3{,}14 \times r)$ ☐
b - $3{,}14 \times r$ ☐
c - $r^2 \times 3{,}14$ ☐
d - $2\,r^2 \times 3{,}14$ ☐

27 / Un terrain rectangulaire a un périmètre de 4,5 km. La longueur mesure 350 m de plus que la largeur. Quelle est la largeur ?

a - 1 750 m ☐
b - 1 500 m ☐
c - 950 m ☐
d - 760 m ☐

28 / Une sphère et un cylindre ont tous deux un rayon de 6 cm. Quelle doit être la hauteur du cylindre pour qu'ils aient le même volume ?

a - 2 cm ☐
b - 4 cm ☐
c - 6 cm ☐
d - 8 cm ☐

29 / Une table ronde a une aire de 1,33 m². Le rayon, en cm, de cette table est :

a - 42,36 cm ☐
b - 65,06 cm ☐
c - 76,50 cm ☐
d - 84,71 cm ☐

30 / Quelle fonction trigonométrique est une fonction paire ?

a - Aucune d'entre elles ☐
b - Sinus ☐
c - Cosinus ☐
d - Tangente ☐

SOLUTIONS DES QUIZ

HISTOIRE & GÉOGRAPHIE

PRÉHISTOIRE & ANTIQUITÉ (QUIZ P. 6)

1 / b - Il y a 3,5 milliards d'années.
On ignore encore comment elle est apparue sur la Terre.
2 / c - Six. Pour certains, une septième extinction massive des espèces est aujourd'hui en cours, mais à cause de l'homme et de ses activités.
3 / d - Dans le monde entier.
4 / c - Dans des œufs. Ils étaient donc ovipares.
5 / b - Il y a 25 000 ans environ.
Les raisons de cette disparition continuent d'être discutées.
6 / a - Le paléolithique.
7 / a - L'âge du cuivre.
Cette période est aussi appelée le chalcolithique.
8 / d - Les Hittites. Autour de leur capitale Hattusa, ils ont construit l'un des premiers empires du Proche-Orient.
9 / a - Ramsès II. Ce grand pharaon eut l'un des plus longs et brillants règnes de l'histoire de l'Égypte.
10 / c - Akhenaton. Époux de la reine Néfertiti et père de Toutankhamon, il aurait été à l'origine de l'une des premières religions monothéistes.
11 / b - Vers 600 avant J.-C. Marseille était une colonie de Phocée.
12 / c - Salamine.
13 / d - Il le trancha. Le conquérant était un homme pressé…
14 / b - Octave-Auguste. Il fut le premier empereur romain, entre 27 avant J.-C. et 14 après J.-C.
15 / b - D'ânesse. Cette anecdote, peut-être légendaire, a inspiré nombre de films et publicités…
16 / c - Néron. Après un règne devenu tyrannique, il fut contraint au suicide en l'an 68.
17 / c - 410. Alaric était le roi des Wisigoths qui prirent et pillèrent Rome.

DU MOYEN ÂGE À NOS JOURS (QUIZ P. 8)

1 / d - Justinien. Il parvint notamment à reconquérir le sud de l'Italie à partir de Byzance.
2 / d - En 496. Il fut baptisé par Rémi, évêque de Reims.
3 / d - Frédégonde. Brunehaut était son ennemie jurée.
4 / c - En 842. Ils présentent le plus ancien texte écrit en vieux français.
5 / c - Louis IX. Il est plus connu sous le nom de Saint Louis.
6 / c - 200 000 habitants.
Paris était la plus grande ville de l'Occident à l'époque.
7 / d - 116 ans. Elle s'étendit de 1337 à 1453.
8 / c - En 1415. La cavalerie française, lourdement armée, fut anéantie par les archers anglais.
9 / c - Charles VII. Celui-ci régna de 1422 à 1461.
10 / c - Les Lancastres et les Yorks. Cette guerre civile sanglante dura plusieurs décennies. Elle inspira à Shakespeare plusieurs de ses pièces historiques.
11 / d - Le 12 octobre 1492.
Ce jour est encore fêté en Espagne et en Amérique latine.
12 / d - Magellan.
13 / c - Philippe II. À la fois palais et monastère, l'Escurial se trouve près de Madrid.
14 / c - En 1572. Le massacre des protestants rassemblés à Paris fut ordonné par Charles IX.
15 / a - La taille. Les nobles et l'Église en étaient en principe exemptés.
16 / c - Henri III. Élu roi de Pologne, il revint en France à la mort de son frère Charles IX, en 1574.
17 / a - La Guerre de Trente Ans.
Les traités de Westphalie marquent l'affirmation de l'État moderne sur la scène internationale.
18 / b - En 1589. À la mort d'Henri III, son cousin Henri IV, de la branche des Bourbons, lui succède sur le trône.
19 / c - Louis XIV. Il régna 72 ans, de 1643 à 1715.
20 / c - 1610-1643.
21 / c - Louvois.
22 / a - Dhimmi. Ils étaient tolérés mais acquittaient un impôt spécial.
23 / c - Arrière-grand-père et arrière-petit-fils.
Le fils et deux des petits-fils de Louis XIV moururent avant lui.
24 / b - La réunion des États généraux.
Ils n'avaient plus été réunis depuis 1614.
25 / a - Le 21 janvier 1793.
26 / a - Le Consulat. C'est le régime mis en place par Napoléon Bonaparte après le coup d'État du 18 brumaire.
27 / a - En 1799.
28 / d - Les départements.
Ceux-ci furent créés dès 1790, donc par la Révolution.
29 / b - Leipzig.
30 / d - Guizot.
Il fut le principal ministre de la monarchie de Juillet.
31 / b - 3, 2, 4, 1.
32 / c - 1848. C'est la IIe République qui instaura le suffrage universel masculin.
33 / c - En 1871, pendant la Commune.
34 / b - Les guerres de la Révolution et de l'Empire.
Ce congrès réorganisa durablement l'ordre européen.
35 / c - 1, 3, 2, 4.
36 / c - En 1860. Ces territoires furent cédés à la France par le Royaume de Piémont en remerciement de son soutien à l'unité italienne.
37 / d - Le Japon.

38 / b - 2. En février et en octobre.
39 / d - Paul Deschanel.
Il est célèbre pour être tombé de son train en pyjama.
40 / d - Les accords de Munich. À cette occasion, la France et le Royaume-Uni abandonnèrent la Tchécoslovaquie.
41 / a - Franklin Roosevelt. Après sa mort, un amendement à la Constitution américaine fut voté, qui empêche désormais un président américain de remplir plus de deux mandats.
42 / a - Michel Debré. Il fut Premier ministre de 1958 à 1962.
43 / b - Le Congo-Brazzaville.
C'est une ancienne colonie française.
44 / b - Lyndon Johnson.
Il fut président des États-Unis de 1963 à 1968.
45 / c - La guerre du Kippour.
Elle fut en effet déclenchée pendant cette fête juive.
46 / a - Ronald Reagan. Son mandat fut marqué par un regain de tension avec l'URSS.
47 / a - Les Malouines (ou Falkland en anglais).
48 / c - Laurent Fabius.
49 / c - 15. L'Empire romain était néanmoins centré sur la Méditerranée et le sud de l'Europe actuelle.
50 / c - En 1963.
51 / a - La Grèce.
52 / d - À 1979.
53 / a - 3. Ce sont les pays Baltes : Estonie, Lituanie, Lettonie.
54 / c - Francisco Franco.
55 / d - Charles de Gaulle. Il ne fut pas invité par les Alliés.
56 / b - En 1947.
57 / a - À 1816. Elle était auparavant une colonie de l'empire espagnol.
58 / d - La Roumanie.
59 / b - En 1973.
60 / a - En 1993.
61 / d - En 2000.
62 / c - En 1997. Le territoire avait été loué pour 99 ans par le Royaume-Uni en 1898.
63 / b - L'Ossétie du Sud.
64 / b - Le 17 décembre 2010.
65 / b - Margaret Thatcher. Celle-ci obtint, lors du sommet de Fontainebleau, en 1984, une réduction de la contribution financière britannique.
66 / c - La défense de la liberté de circulation des personnes, marchandises et capitaux.
67 / a - Le traité établissant une constitution pour l'Europe.
68 / c - En 2002.

GÉOGRAPHIE DE LA FRANCE *(QUIZ P. 14)*

1 / a - 500 000 km^2.
2 / a - La Corse.
3 / b - En Espagne.
4 / d - L'Aude.
5 / c - La Guyane.
6 / b - Le Piton de la Fournaise.
7 / d - La Martinique.
8 / d - Le Loiret.
9 / c - 12.
10 / d - La Haute-Marne.
11 / a - Chambéry.
12 / b - Vannes.
13 / c - La Bretagne.
14 / b - La Bourgogne-Franche-Comté.
15 / d - 31 %. Les surfaces plantées en forêt s'accroissent régulièrement.
16 / c - 10.
17 / b - Le Conservatoire du littoral.
18 / c - 19. Elles exploitent 58 réacteurs.
19 / b - Les transports.
20 / d - 150 l par jour.

GÉOGRAPHIE DU MONDE *(QUIZ P. 16)*

1 / d - L'océan Pacifique.
2 / b - L'Australie. Mais si on la considère comme un continent et non comme une île, c'est le Groenland.
3 / b - Le Nil. Les longueurs respectives du Nil et de l'Amazone font débat depuis un siècle. Selon l'Atlas géographique mondial, le Nil mesure 6 695 kilomètres, contre 6 515 kilomètres pour l'Amazone.
4 / c - Entre 3 000 et 6 500 selon les spécialistes.
Personne ne s'accorde sur le nombre exact d'îles que comporte l'archipel japonais ! En effet, ce qui pour certains est une île n'est qu'un îlot, voire un rocher, pour d'autres…
5 / a - Honshu.
6 / c - Le Pinatubo
7 / a - Le détroit de Behring.
8 / a - La Birmanie.
9 / c - 6.
10 / a - Oulan-Bator.
11 / c - Au Japon.
12 / c - 1,3 milliard.
13 / b - 12. Argentine, Bolivie, Brésil, Chili, Colombie, Équateur, Guyana, Paraguay, Pérou, Surinam, Uruguay, Venezuela.
14 / c - L'Aconcagua.
15 / a - San José.
16 / a - Asunción.
17 / c - Tegucigalpa.
18 / b - De grandes propriétés foncières.
19 / d - En Allemagne. Dans le massif de la Forêt-Noire.
20 / c - 5.
21 / a - La Norvège. Cet archipel se situe dans l'océan Arctique.
22 / c - La Moldavie.
23 / d - Volgograd.
24 / c - 11.
25 / b - L'Allemagne.
26 / c - Lisbonne.
28 / d - Le portugais.
L'Angola est une ancienne colonie portugaise.

29 / c - Pretoria. La capitale législative de l'Afrique du Sud est Le Cap et la capitale judiciaire du pays est Bloemfontein.
30 / a - Le français et l'anglais. Le Cameroun actuel est formé de territoires ayant fait partie des empires coloniaux français et britannique.
31 / c - Léopoldville. Le Congo-Kinshasa était une colonie belge.
32 / b - Les Seychelles.
33 / b - L'Alaska.
34 / c - 1, 4, 3, 2.
35 / b - Le Nouveau-Mexique.
36 / b - Le lac Supérieur. Sa superficie est de 82 814 km^2.
37 / d - Le Mississipi. Sa longueur est de 6 700 km.
38 / b - L'Arabie Saoudite.
39 / c - À Vienne.
40 / b - En 1989.
41 / c - En 1984. L'usine de produits chimiques de l'Union Carbide explosa dans la nuit du 3 décembre 1984, faisant des milliers de victimes.
42 / c - Dans le golfe du Mexique.
43 / d - 26 000.
44 / c - En 1992.
45 / c - En 1997. Ce traité international vise à réduire les émissions de gaz à effet de serre.
46 / d - 90 %. L'Unesco considère que les langues appartiennent au patrimoine culturel immatériel de l'humanité et œuvre pour la diversité linguistique par des programmes de sauvegarde des langues en danger.
47 / b - Approuvé le 12 décembre 2015, cet accord international fixait la limite de la hausse de la température globale à 2 °C.

ART & LITTERATURE

BEAUX-ARTS (QUIZ P. 22)

1 / a - Le rouge, le bleu et le jaune. Ce sont les couleurs qui permettent de fabriquer toutes les autres.
2 / c - Une peinture murale exigeant une technique particulière. La fresque est réalisée sur un enduit appelé *intonaco*, avant qu'il ne soit sec. Le terme vient de l'italien *a fresco*, qui signifie « dans le frais ».
3 / a - Une peinture destinée à évoquer la futilité de la vie terrestre et la condition mortelle de l'homme.
4 / a - *L'Adoration de l'Agneau mystique*. Achevée en 1442, elle est l'œuvre des frères Hubert et Jan van Eyck.
5 / b - À Saint-Pétersbourg.
6 / b - Le 10 août 1793. Il portait alors le nom de Muséum central des arts de la République.
7 / b - Munich.
8 / d - 364,38 m de long sur 0,5 m de large.
9 / c - Sortant de l'eau. Ce tableau est conservé au musée des Offices à Florence.
10 / b - Michelangelo Buonarroti.
11 / c - Raphaël. Ce tableau datant de 1505-1508 est conservé au musée du Louvre.
12 / c - Arcimboldo.
13 / d - La Vénétie.
14 / d - Véronèse.
15 / b - Johannes.
16 / a - Rembrandt.
17 / c - Géricault.
18 / d - Des vertèbres. Plus précisément trois.
19 / b - Édouard Manet.
20 / a - Agent de change.
21 / c - Cézanne. Il existe cinq versions connues de ce tableau, conservées au musée d'Orsay, au Courtauld de Londres, au Metropolitan Museum of Art de New York et à la Barnes Foundation de Philadelphie.
22 / b - Le Bateau-Lavoir.
23 / d - Maurice Estève. Il est l'un des principaux peintres de la Nouvelle école de Paris.
24 / c - Kazimir Malevitch.
25 / b - Le pop art.
26 / d - Salvador Dalí.
27 / b - Pierre Soulages.
28 / c - Tchang.
29 / b - Charles de Gaulle. Dans *Le Miroir des limbes* (1972), André Malraux fait dire au général de Gaulle : « Au fond, vous savez, mon seul rival international, c'est Tintin ! Nous sommes les petits qui ne se laissent pas avoir par les grands. On ne s'en aperçoit pas à cause de ma taille. »
30 / a - *Le Cormoran.*
31 / b - Jolly Jumper.
32 / b - Un cocker.
33 / d - Greg.
34 / d - En 1978.
35 / a - *Astérix chez les Pictes.*
36 / c - Frank Margerin.
37 / c - Les Bidochon. Cette série de bande dessinée a été créée par Christian Binet.
38 / c - Cabu.
39 / c - Jacques Tardi.
40 / b - *Maus.* Ce mot signifie « souris » en allemand.
41 / b - François Schuiten. Benoît Peeters en est quant à lui le scénariste.

LITTÉRATURE (QUIZ P. 26)

1 / b - L'épopée. Ces poèmes sont divisés chacun en douze chants.
2 / b - Aristophane. C'est un auteur comique.
3 / d - Œdipe. Celui-ci est un Labdacide. Il appartient à la famille royale de Thèbes.
4 / c - Électre. Cette pièce se rattache à l'histoire des Atrides.
5 / a - Le voyage d'Énée, de sa fuite de Troie jusqu'à son installation en Italie.
6 / a - Ovide.
7 / b - Virgile.

8 / d - « Les Exploits de Nasreddin Hodja ». Nasreddin Hodja est un personnage mythique de la culture musulmane, ingénu et faux naïf, qui prodigue des enseignements tantôt absurdes tantôt ingénieux. Il apparaît dans de nombreux contes, tout autour du bassin méditerranéen.
9 / b - Des géants.
10 / c - Laure.
11 / c - « France, mère des arts, des larmes et des lois... »
12 / c - « Le Loup et l'Agneau ».
13 / a - Ésope. On attribue à cet écrivain grec la paternité de la fable comme genre littéraire.
14 / a - « La Petite Sirène ». Ce conte est dû à Hans Christian Andersen.
15 / c - *Bérénice*. Corneille écrivit en effet en 1670 un *Tite et Bérénice*, qui ne remporta pas le même succès que la pièce de Racine.
16 / d - *La Fausse Suivante*.
Il s'agit d'une pièce de Marivaux, écrite en 1724.
17 / c - Le duc de Nemours. Alors qu'elle est mariée, Mme de Clèves rencontre, à la cour, le duc de Nemours. Naît entre eux un amour immédiat et partagé. C'est le début de l'un des plus célèbres romans de la littérature française.
18 / c - Au comte Pâris.
19 / c - Elle se fait passer pour sa suivante.
20 / a - Usbek et Rica.
21 / d - *Supplément au voyage de Bougainville*.
Cette œuvre, parue en 1772, est due à Denis Diderot.
22 / d - *Les Deux Amis*.
23 / b - De Marguerite.
24 / c - Alphonse de Lamartine.
25 / b - Les classiques et les romantiques.
26 / b - L'insurrection républicaine de 1832.
L'avènement de la Seconde République est dépeint dans *L'Éducation sentimentale* (1869) de Gustave Flaubert.
27 / c - *Le Jaune et le Bleu*.
28 / c - *Le Père Goriot*.
29 / c - En duel contre l'amant de sa femme.
30 / b - La Reine de pique. S'il compte une Reine de cœur, le monde de Lewis Carroll ne comprend pas de Reine de pique.
31 / a - Journaliste. C'est toutefois davantage à ses talents de séducteur qu'à ses dons pour l'écriture que Duroy s'élève dans la société.
32 / b - *Le Bachelier*.
33 / a - *Sans famille*. Ce roman d'Hector Malot, paru en 1878, relate les aventures de Rémi, un enfant trouvé vendu à un musicien ambulant.
34 / d - *Les Frères Karamazov*. Dans ce conte inclus dans son roman, Dostoïevski imagine que Jésus, revenu sur terre, est reconnu, mais condamné par l'Inquisition.
35 / b - L'horloge. C'est le titre d'un célèbre poème des *Fleurs du mal*.
36 / a - Saturne.
37 / c - *Claudine se marie*.
38 / d - Les cochons.
39 / b - Bérénice.
40 / d - La Grande Dépression. C'est-à-dire la grande crise des années 1930. Le roman narre les aventures d'une famille pauvre de métayers, les Joad, contraints de quitter l'Oklahoma et de se diriger vers la Californie à cause de la sécheresse, des difficultés économiques et des bouleversements du monde agricole.
41 / b - De cécité.
42 / c - Le Chili.
43 / d - Robert Desnos. Ce poète surréaliste fut déporté par les nazis en raison de ses activités dans la Résistance.
44 / b - Son expérience du camp de concentration d'Auschwitz.
45 / c - Marie-Antoinette, épouse de Louis XVI.
46 / a - La négritude.
47 / b - *Les Justes*.
Cette pièce fut jouée pour la première fois en 1949.
48 / d - *Sud*.
49 / a - *Voyage au Congo*.
50 / a - Les bartavelles.
Ces perdrix sont au centre du récit autobiographique de Marcel Pagnol, *La Gloire de mon père*, paru en 1957.
51 / d - Georges Perec.
52 / c - L'Afrique du Sud.
53 / a - Haruki Murakami.
54 / b - Istanbul.
55 / b - Biélorusse.
56 / d - Patrick Modiano. Il l'a reçu en 2014.
J. M. G. Le Clézio l'avait quant à lui obtenu en 2008.
57 / b - Jay McInerney.
58 / d - Arturo Pérez-Reverte.
59 / c - 1903.
60 / b - Nicolas Mathieu. Il a été couronné pour *Leurs enfants après eux*.

MUSIQUE & DANSE *(QUIZ P. 32)*

1 / d - Euterpe. Érato est la muse de la poésie lyrique et chorale.
2 / b - La cécité.
3 / b - En allemand.
4 / a - Le printemps.
5 / a - Johann Strauss père.
6 / b - Georges Bizet.
7 / a - Modest.
8 / c - Leur *9e Symphonie* est leur dernière.
Ainsi Beethoven, Schubert, Bruckner ou Mahler n'ont pu terminer leur *10e Symphonie*.
9 / a - Giacomo Puccini. Cet opéra fut créé en 1904.
10 / a - Giuseppe Verdi.
11 / b - Ludwig van Beethoven.
12 / d - Néoclassique. Dans cette œuvre, qui fut sa première symphonie, Prokofiev parodie avec brio les œuvres classiques.
13 / c - La *9e Symphonie* de Beethoven. Il s'agit plus précisément de l'« Ode à la joie » du quatrième mouvement.

14 / d - Franz Schubert. Il a néanmoins écrit une 9e *Symphonie*, sans avoir terminé la huitième…
15 / c - Haendel, Bach et Scarlatti.
Ils sont nés tous les trois en 1685.
16 / d - Sergeï Prokofiev.
17 / a - Carl Orff.
18 / b - Mstislav Rostropovitch.
19 / b - En France. Le « groupe des Six », aussi nommé « Les Six », est un groupe de compositeurs réunissant entre 1916 et 1923 : Georges Auric, Louis Durey, Arthur Honegger, Darius Milhaud, Francis Poulenc et Germaine Tailleferre, la seule femme du groupe.
20 / d - Des cuivres et une batterie.
21 / b - Un instrument de musique à quatre cordes.
22 / a - Violoncelle.
23 / d - John Williams.
Il a composé la musique des *Dents de la mer*, de *La Liste de Schindler*, des *Aventuriers de l'Arche Perdue*, mais aussi de *Star Wars*.
24 / a - Bernard Herrmann. Sa musique la plus célèbre est peut-être celle qu'il a composée pour le film *Psychose* en 1960.
25 / a - En 1982. Elle a été lancée par Jack Lang, alors ministre de la Culture.
26 / b - Leonard Bernstein. Ce compositeur, chef d'orchestre et pianiste fut durant onze années le directeur de l'Orchestre philharmonique de New York.
27 / c - Federico Fellini. Nino Rota a notamment réalisé la bande-son du film *Huit et demi*, sorti en 1963.
28 / a - Gérard Jugnot.
29 / d - Rock. Rassemblement emblématique de la culture hippie des années 1960, le festival de Woodstock accueillit un demi-million de personnes désireuses d'écouter les concerts de trente-deux groupes et solistes de musiques folk, rock, soul et blues.
30 / c - Richard Wagner.
31 / a - En Bretagne. Le festival des Vieilles Charrues est un festival de musique accueillant des artistes de divers horizons. Il dure quatre jours et débute chaque année à la mi-juillet sur la commune de Carhaix, dans le Finistère.
32 / a - Piano. Fondé en 1980, ce festival est aujourd'hui reconnu comme l'un des grands rendez-vous musicaux en Europe, certains n'hésitant pas à le surnommer « La Mecque du piano ».
33 / c - Le 200e anniversaire de la naissance de Giuseppe Verdi et de Richard Wagner.
Ces grands compositeurs sont tous deux nés en 1813.
34 / b - Joseph Kessel. C'était l'oncle de Maurice Druon.
35 / c - « L'Aigle noir ».
Cette chanson a été composée en 1970.
36 / c - Georges Brassens.
37 / c - La java. Dans sa chanson « Le Jazz et la Java ».
38 / c - Georges Moustaki. Cette chanson date de 1969.
39 / d - Charles Aznavour.
40 / a - France Gall. C'était en 1965.
41 / a - « Qui a le droit ». C'est une chanson de 1989.
42 / d - James Brown.
43 / b - En 1977. Il était né en 1935 dans le Mississippi.
44 / a - *Imagine*. Cet album fut réalisé par John Lennon seul en 1971.
45 / c - Los Angeles.
Ce groupe a été fondé par le chanteur Jim Morrison.
46 / c - Pink Floyd.
47 / d - Grunge. Ce genre musical, apparu au milieu des années 1980 autour de la ville de Seattle, aux États-Unis, s'inspire du heavy metal, du rock indépendant et du punk hardcore.
48 / b - Terpsichore.
49 / a - En 1669. Il s'agit du plus ancien corps de danse classique du monde. Il a été créé, à l'instigation de Jean-Baptiste Colbert, au sein de l'Académie royale de musique, aujourd'hui Opéra de Paris.
50 / c - Premier rat. Le ballet de l'Opéra a fixé une hiérarchie immuable pour les danseurs et danseuses : 5e échelon, quadrille ; 4e échelon, coryphée ; 3e échelon, sujet ; 2e échelon, premier danseur ; 1er échelon, étoile.
51 / b - Un mouvement exécuté à deux danseurs.
52 / d - Le fait de croiser et décroiser les jambes en un seul saut.
53 / d - *Petrouchka*.
Ce ballet a été composé par Igor Stravinsky en 1910-1911.
54 / c - Johann Strauss fils. Elle fut composée en 1866 et fut d'abord un échec public.
55 / a - La garçonne.
56 / d - Cuba. Cette danse a été popularisée notamment par la performance de Brigitte Bardot, en 1956, dans le film *Et Dieu… créa la femme*.
57 / c - 1920-1930. C'est la ville de Charleston en Caroline du Sud qui donna son nom à cette danse.
58 / a - Isadora Duncan.
59 / a - Rudolf Noureev.
60 / c - Francfort. Il a dirigé ce ballet de 1984 à 2005.
61 / b - Roland Petit.
62 / a - À Marseille.
63 / a - Natalie Portman. Le film titre son titre du ballet de Tchaïkovski *Le Lac des cygnes*, qui oppose un cygne blanc et un cygne noir.
64 / b - Martha Graham. Martha Graham a renouvelé la danse moderne, innovant notamment par sa recherche dans les mouvements corporels et par sa mise en valeur des angularités du corps.
65 / b - En 1989
66 / a - Sylvie Guillem
67 / c - Aurélie Dupont.
Elle a succédé à Benjamin Millepied en 2016.

SCULPTURE & ARCHITECTURE *(QUIZ P. 38)*

1 / a - Phidias. Ce sculpteur athénien, choisi par Périclès pour superviser l'ensemble des travaux de décoration du Parthénon, est aussi célèbre pour la statue de Zeus qu'il édifia à Olympie et qui faisait partie des sept merveilles du monde.

2 / d - *Le Discobole.* (C'est-à-dire le lanceur de disque).
3 / c - L'or et l'ivoire.
4 / b - En Toscane. Michel-Ange est né en 1475 à Caprese.
5 / a - Pierre Puget.
6 / b - L'Arc de Triomphe. Ce haut-relief, fort animé, est aussi appelé *Le Départ des volontaires de 1792*.
7 / d - Ceux de Calais. Auguste Rodin a en effet réalisé un groupe statuaire inspiré par cet épisode de la guerre de Cent Ans (le sacrifice de six hommes bourgeois de Calais pour sauver l'ensemble des habitants de la ville sur le point d'être conquise par les Anglais, en 1347).
8 / b - La sœur de Paul Claudel.
9 / d - Le cuivre.
10 / d - 46,50 m.
11 / c - Un sculpteur. Son œuvre est à la charnière du baroque et du néo-classicisme.
12 / c - César. Célèbre pour ses compressions de divers objets, il est également le créateur du trophée en bronze de la cérémonie des Césars du cinéma français.
13 / b - Le jardin des Tuileries
14 / b - Daniel Buren. Ces plateaux sont plus couramment appelés les « colonnes de Buren ».
15 / b - En Jordanie.
16 / b - La réponse a correspond à l'ordre ionique, et la réponse c à l'ordre corinthien.
17 / b - Des statues de femmes soutenant une corniche.
18 / d - Le Bernin.
19 / c - Un ornement représentant une tête humaine, souvent dans un médaillon placé à la clef des arcs.
20 / a - Un gril.
C'est en effet sur un gril que fut supplicié saint Laurent, à qui est consacré le palais.
21 / c - Notre-Dame de la Paix à Yamoussoukro en Côte d'Ivoire. C'est la plus grande basilique du monde.
22 / c - Filippo Brunelleschi
23 / a - Du mot rocaille. Ce style se caractérise notamment par une ornementation foisonnante, asymétrique et chantournée.
24 / b - Fulgence Bienvenüe.
25 / b - 1900.
26 / c - Hector Guimard.
27 / c - 1925. Cette année-là eut lieu à Paris l'Exposition des arts décoratifs, qui lança le mouvement.
28 / b - San Francisco.
29 / c - Eugène Viollet-le-Duc.
Cet architecte a restauré – parfois très radicalement – un grand nombre de monuments du Moyen Âge.
30 / b - Oscar Niemeyer.
31 / a - Ieoh Ming Pei. Dominique Perrault a construit quant à lui la bibliothèque François-Mitterrand.
32 / a - Jean Nouvel.
33 / b - Le centre Georges Pompidou.
34 / a - Frank Gehry
35 / b - Danois. Il s'agit de Johan Otto von Spreckelsen.
36 / a - Jean Nouvel. Il l'a reçu en 2008.
Christian de Portzamparc l'a quant à lui remporté en 1994.

PHOTO & CINÉMA *(QUIZ P. 42)*

1 / b - Nicéphore Niépce. Ce cliché représente une aile de la propriété de Niépce. Son procédé fut repris et amélioré par Louis Daguerre, qui mit au point le « daguerréotype ».
2 / b - Les frères Lumière. J. G. Capstaff a breveté le kodachrome en 1936, tandis que Rudolf Fischer est à l'origine d'Agfacolor – deux procédés qui ont progressivement remplacé l'autochrome.
3 / a - John Stuart Mill.
4 / a - Robert Capa.
5 / d - Brassaï. Outre ses photos du Paris interlope et sombre, il est aussi connu pour ses photos d'intellectuels et d'artistes (notamment Picasso).
6 / d - Robert Doisneau. Prise en 1950 à proximité de l'Hôtel de ville de Paris, cette photographie représente un homme et une femme qui s'embrassent en marchant.
7 / a - Roland Barthes.
8 / b - Raymond Depardon.
9 / d - Tamara de Lempicka. Celle-ci est une peintre d'origine polonaise qui s'est illustrée lors de la période Art déco.
10 / d - Bombay. D'où le nom de « Bollywood », formé à partir de « Bombay » et « Hollywood », pour désigner le cinéma indien.
11 / b - En 1895. Le 28 décembre 1895, les frères Lumière projettent de courts films dans le Salon indien du Grand Café de l'hôtel Scribe, boulevard des Capucines à Paris.
12 / c - Le graphomètre. Ce dernier est un instrument destiné à mesurer les angles. Le phénakistiscope est un disque en rotation qui utilise la persistance rétinienne pour produire une image animée. La lanterne magique permet de projeter des images peintes à travers un objectif, grâce à la lumière d'une chandelle ou d'une lampe à huile. Le fusil photographique est un appareil photographique adapté sur un fusil modifié, qui permet de prendre des photographies en rafale.
13 / b - New York. L'industrie cinématographique américaine fut fondée par des immigrants, qui pour la plupart étaient arrivés à New York. Les studios américains ne déménagèrent à Hollywood que progressivement, dans les années 1910.
14 / b - 24. À l'époque du muet, les films comportaient 16 à 18 images par seconde. Aujourd'hui, les films argentiques sont rares : la plupart des longs-métrages sont des films numériques.
15 / d - En 1929.
16 / c - En 1937.
17 / d - Le code Hays. Établi par le sénateur William Hays, il prohibait notamment toute représentation suggestive de la sexualité.
18 / b - Un caméo. Ce mot est la francisation du terme italien *cammeo*, apparu en 1851 dans le monde du théâtre. Les caméos d'Alfred Hitchcock dans ses films sont presque la signature de ce réalisateur.
19 / c - Une manière de cadrer un personnage à mi-cuisse. Ce terme s'emploie aussi en photographie.
20 / d - Une technique qui consiste à filmer une scène sous un angle donné, puis à filmer la même scène sous un angle opposé.

21 / c - Le montage mettant en rapport deux éléments différents, sans simultanéité temporelle, pour produire un effet de comparaison.
22 / b - Un mouvement de rotation de la caméra sur son axe, de gauche à droite ou inversement. La définition notée en c est celle du travelling.
23 / b - Henri Langlois. Il a été l'un des fondateurs de la cinémathèque française en 1936.
24 / b - Georges Méliès.
25 / c - *Le Voyage à travers l'impossible*. Ce film, sorti en 1904, a été réalisé par Georges Méliès.
26 / a - *Nanouk l'Esquimau* de Robert Flaherty. Ce documentaire date de 1922. Le succès fut tel que l'on inventa une friandise (une barre de glace, semblable à une sucette, enrobée de chocolat) qui fut commercialisée pendant les projections, et qui porte encore le nom d'« esquimau ».
27 / b - Friedrich Wilhelm Murnau.
28 / b - *Le Chanteur de jazz*. Ce film musical d'Alan Crosland, sorti en 1927, comportait plusieurs scènes chantées et quelques dialogues insérés – 281 mots furent prononcés au total ! – au milieu des scènes muettes, qui restaient cependant les plus nombreuses.
29 / c - Peter Lorre. On a considéré que cette œuvre de 1931, qui raconte la traque et le jugement d'un meurtrier d'enfants, était représentative de la montée du nazisme en Allemagne.
30 / a - Michel Simon.
31 / c - 1941.
32 / b - Charles Laughton.
33 / d - *La Règle du jeu*. Ce film réalisé par Jean Renoir est sorti sur les écrans en 1939.
34 / d - Henri-Georges Clouzot.
35 / d - *Certains l'aiment chaud* de Billy Wilder. Ce film est sorti sur les écrans en 1959.
36 / b - *La Maison du docteur Edwards*.
37 / d - *À bout de souffle*. Ce film sorti en 1960 est emblématique de la Nouvelle vague.
38 / d - Fritz Lang.
39 / d - *La Jetée* de Chris Marker. Ce film, sorti sur les écrans en 1962, dure 28 minutes.
40 / b - 1943. Ce film très noir, inspiré d'une célèbre affaire de délation dans une petite ville, évoque indirectement le climat régnant en France sous l'Occupation.
41 / a - *Rashōmon* d'Akira Kurosawa.
42 / d - *La Chevauchée des Walkyries* de Richard Wagner.
43 / d - *Lili Marleen* de Rainer Werner Fassbinder.
44 / a - Raymond Depardon.
45 / c - Suédois.
46 / b - *Les Yeux noirs* de Nikita Mikhalkov. Ce film est sorti en 1987, avec Marcello Mastroianni dans le rôle principal.
47 / d - *Le Roi et l'Oiseau*.
48 / a - Leos Carax.
49 / c - *Melancholia*.
50 / c - Sofia Coppola.
51 / b - Gotham City. Cette ville est conçue sur le modèle de New York, dont « Gotham » est l'un des surnoms familiers.
52 / c - Simone Signoret. Celle-ci a obtenu l'Oscar de la meilleure actrice en 1960, pour *Les Chemins de la haute ville*.
53 / b - *Avatar*. Il a été réalisé par le Canadien James Cameron.
54 / d - *La Vie d'Adèle*.
55 / c - Ils furent 300 000 réunis pour la scène finale, pour une séquence à l'écran de 2 minutes 5 secondes.
56 / b - 272.
57 / b - En 1994.
58 / b - *Juste la fin du monde*.
59 / a - *Jusqu'à la garde* de Xavier Legrand.

SCIENCES & TECHNIQUES

PHYSIQUE & CHIMIE *(QUIZ P. 50)*

1 / b - De longueur. Le micron ou micromètre, de symbole µm, vaut 10^{-6} m soit 0,000 001 m.
2 / a - Travail, énergie et chaleur. Cette unité doit son nom au physicien anglais James Prescott Joule. Le joule représentant une très petite quantité d'énergie, on utilise plutôt les kilojoules (kJ) : 1 kilojoule vaut 239,200 81 calories, et 1 calorie vaut 4,18 joules.
3 / c - L'ohm. Son symbole Ω vient de la lettre grecque majuscule oméga.
4 / b - De faibles courants électriques.
5 / b - À accélérer les particules. Le synchrotron est un instrument électromagnétique, généralement formé d'un grand anneau. L'intensité du champ magnétique de l'anneau est maintenue adaptée de façon synchrone – d'où le nom de l'appareil – à l'énergie du faisceau de particules, afin de les maintenir sur une trajectoire fixe.
6 / a - Une unité d'informatique. Le baud (symbole Bd) est une unité de mesure utilisée dans le domaine des télécommunications en général, et dans le domaine informatique en particulier. Il est l'unité de mesure du nombre de symboles transmissibles par seconde.
7 / c - 10^{12}. Soit mille milliards !
8 / b - 10.
9 / c - D'équivalence thermique de l'électricité.
10 / b - Le candela.Le lumen (lm) est l'unité du flux lumineux, le lux (lx) l'unité de l'éclairement lumineux.
11 / d - Le méthane. On appelle gaz nobles, ou plus couramment gaz rares, les éléments chimiques du groupe 18 (anciennement groupe VIIIA voire groupe 0) du tableau périodique des éléments. Ce sont : l'hélium (He), le néon (Ne), l'argon (Ar), le krypton (Kr), le xénon (Xe) et le randon (Rn).
12 / d - Le benzène.
13 / d - En 2018. Le Français Gérard Mourou, l'Américain Arthur Ashkin et la Canadienne Donna Strickland ont été distingués pour leurs travaux sur les lasers.
14 / b - Du lieu où elle était produite. Elle était fabriquée dans le village de Javel, qui faisait autrefois partie de la commune d'Issy.

15 / c - Au. Du latin *aurum*.
16 / c - Le chrome. Le cuivre a pour symbole Cu, le calcium Ca et le carbone C.
17 / a - Le zinc. Le zirconium a pour symbole Zr, l'étain a pour symbole Sn.
18 / b - La sublimation.
Ce terme est emprunté au vocabulaire de l'alchimie.
19 / a - Le phosphore.
Il fut découvert par l'alchimiste allemand Hennig Brandt.
20 / a - L'or.
21 / d - À quantifier la radioactivité d'une substance.
Son principe fut inventé en 1913 par Hans Geiger et il fut mis au point en 1928 par Walther Müller.

ASTRONOMIE *(QUIZ P. 52)*

1 / d - À 300 000 km/s.
2 / d - 365 jours. Plus précisément 365 jours 6 heures et 9 minutes… La révolution terrestre est le mouvement que la Terre fait autour de son étoile, le Soleil.
Elle détermine notamment les saisons.
3 / c - Jupiter. Elle est plus volumineuse et massive que toutes les autres planètes réunies.
4 / b - Mercure. Elle est à une distance moyenne de 57,9 millions de kilomètres.
5 / b - Pluton. Avec 5 900 millions de km, Pluton est la planète connue la plus éloignée du Soleil.
D'un diamètre de 2 284 km, elle met 248 ans et 157 jours pour en faire le tour. Et à son point le plus éloigné du Soleil, Pluton se trouve à 7,4 millions de km de la Terre…
6 / a - Les satellites.
7 / d - De l'ouest vers l'est
8 / c - 384 000 km.
9 / d - 150 millions de kilomètres. Très exactement, 149 600 000 km.
10 / b - La Lune s'interpose entre la Terre et le Soleil.
11 / c - 4,54 milliards d'années. Après bien avoir émis plusieurs hypothèses, les scientifiques ont stabilisé leur datation en 1956.
12 / b - 696 000 km. Soit 109 fois le rayon terrestre.
13 / c - 7.
14 / c - Plus long que la nuit. Un équinoxe est un instant de l'année où le Soleil traverse le plan équatorial terrestre – autrement dit, il change d'hémisphère céleste. Ce jour-là, le Soleil passe alors exactement au zénith sur l'équateur terrestre. Cependant, le Soleil n'étant pas perçu sur Terre comme un point lumineux, mais comme une sphère, le jour y est plus long que la nuit, car le limbe supérieur du Soleil peut être aperçu alors que son centre est toujours situé en dessous de l'horizon.
15 / c - Sur Mars. Ces dernières années, des robots ont considérablement renouvelé notre connaissance de la « planète rouge ».
16 / a - La comète de Halley. Son orbite fut calculée en 1705 par l'astronome anglais Edmond Halley. La plus célèbre des comètes revient dans les parages de la terre tous les 76 ans. Son dernier passage date de 1986, nous la reverrons donc en 2061…
17 / b - Guennadi Padalka.
Il a passé 879 jours dans l'espace.
18 / b - Valentina Terechkova.
Elle effectua un vol dans l'espace, en 1963.
19 / c - Pluton.
20 / b - Aux États-Unis.
Il se trouve en Arizona, à une altitude de 3 267 m.
21 / a - InSight Mars a décollé le 5 mai pour une mission qui a pris fin le 26 novembre.

MEDECINE & CORPS HUMAIN *(QUIZ P. 54)*

1 / c - C. 206. Le bébé a 300 os à la naissance, puis certains se soudent durant la croissance.
Sur les 206 os du corps humain, les membres inférieurs en comptent 60, les membres supérieurs 60, le thorax 57 et le crâne 29.
2 / a - 3.
3 / b - Du genou. Le ménisque est un petit cartilage, situé entre le fémur et le tibia. Chaque genou possède deux ménisques : un ménisque inférieur et un ménisque supérieur.
4 / a - Le fémur. L'os le plus petit du corps humain est l'os lenticulaire (ou étrier) qui se situe dans l'oreille : son poids moyen est compris entre 0,12 et 0,20 mg et son diamètre moyen est compris entre 3 mm de large et 4 mm de haut seulement.
5 / b - L'épiderme.
6 / c - De jeunes globules rouges. Les réticulocytes sont des globules rouges immatures, qui viennent d'être relâchés dans la circulation sanguine après leur production par la moelle osseuse.
7 / b - 5.
8 / b - O.
9 / c - De l'épaule.
10 / c - 23.
11 / a - Le foie. Il sécrète la bile – jusqu'à 1 l par jour –, qui se déverse par les canaux biliaires dans l'intestin grêle où elle permet de digérer les graisses avec les enzymes du pancréas et de détoxifier l'organisme.
12 / d - La vessie.
13 / d - Un os. Le carpe désigne en fait l'ensemble des os du poignet.
14 / b - L'insuline.
15 / c - 32.
16 / b - L'onchocercose. Cette maladie touche plus de 30 millions de personnes, notamment celles qui vivent à proximité des rivières hébergeant la mouche.
Le paludisme est transmis par des piqûres de moustiques.
17 / b - Imagerie par résonance magnétique.
18 / b - Le glaucome. La phlébite est une maladie des veines. La hernie désigne en médecine le déplacement de tout ou partie d'un organe hors de la cavité qui le contient normalement.
La naupathie est le nom savant du mal de mer.

19 / a - L'homéopathie. L'allopathie est le contraire de l'homéopathie. La mésothérapie est basée sur l'administration à l'aide d'une aiguille de doses faibles de médicaments à l'endroit où le trouble ou la douleur sont ressentis. Enfin, la pharmacothérapie est l'usage (ou l'étude) des médicaments sur les maladies ; elle est très largement majoritaire dans les soins qui sont prodigués aujourd'hui.
20 / c - Variole. Le tout premier vaccin contre la variole fut mis au point en 1796.
21 / c - La vitamine C. Le scorbut a aujourd'hui pratiquement disparu. Il a frappé notamment les navigateurs lors des grandes découvertes des XVIe-XVIIe siècles.
22 / b - L'aspirine. Celle-ci a pour nom savant l'acide acétylsalicylique – du latin salix, le saule.
23 / a - De plomb. Ce nom fait référence à la planète Saturne, symbole du plomb en alchimie.
24 / d - Provoquée par des bactéries du genre *Brucella*. La brucellose est aussi appelée « fièvre de Malte » ou « fièvre méditerranéenne ».
25 / c - La bradycardie. La tachycardie est un rythme cardiaque supérieur à la normale. La bradycardie, au contraire, se caractérise par un rythme cardiaque trop bas par rapport à la normale. Les deux préfixes de ces noms – tachy et brady – sont issus du grec et signifient respectivement « rapide » et « lent ».
26 / a - En 1816. Le stéthoscope a été inventé par le médecin français René Laennec. Il ne s'agissait alors que d'une simple liasse de papiers roulés, permettant d'éloigner l'oreille du médecin du corps de son patient pour des raisons de pudeur, mais aussi d'efficacité.
27 / a - Un anxiolytique.Ce type de médicament a donc des effets tranquillisants.
28 / c - Le premier bébé-éprouvette. De nationalité britannique, elle est née en 1978. En France, le premier bébé-éprouvette, né en 1982 à l'hôpital de Clamart, porte le prénom d'Amandine.
29 / a - Une paraplégie. Une hémiplégie est la paralysie d'une ou plusieurs parties du corps d'un seul côté ; elle touchera par exemple la moitié gauche ou droite du visage. La tétraplégie, quant à elle, est la paralysie des quatre membres. La glossoplégie est la paralysie partielle ou totale de la langue.
30 / b - Les cancers. Ils demeurent la première cause de mortalité, suivis par les maladies cardio-vasculaires.
31 / d - Un néphrologue. L'urologie est la spécialité chirurgicale qui s'intéresse à l'appareil génital masculin et à l'ensemble du système urinaire (reins, uretères, vessie, prostate, urètre).
32 / b - 8 000 à 10 000 grains de pollen/m^3.
33 / b - D'influenza.
34 / a - Indice de masse corporelle. L'IMC permet d'estimer la corpulence d'une personne. Il se calcule en fonction de la taille et de la masse.
35 / b - Le fluor.
36 / b - Une ostéoporose. C'est une maladie fréquente chez les femmes après la ménopause, la masse osseuse diminuant avec l'âge et avec la carence en hormones féminines (œstrogènes).
37 / c - Alexander Fleming. Ce dernier a découvert et nommé la pénicilline en 1928.
38 / a - Psychiatre. Il est célèbre pour avoir décrit la maladie qui porte son nom en 1906.
39 / a - En 1953. La structure à double hélice a été découverte par les Anglais James Watson et Francis Crick, qui reçurent pour cela le prix Nobel de médecine en 1962.
40 / c - 1940.
41 / c - À 1993.
42 / a - Syndrome d'immunodéficience acquise.
43 / c - 37.
44 / b - 5. La fonction publique hospitalière est composée de 5 filières (soignante, technique et ouvrière, administrative, médico-technique, socio-éducative). La filière soignante est de très loin majoritaire, avec plus de 70 % des effectifs.
45 / b - Le droit d'accès au dossier médical pour le patient.
46 / b - Service d'aide médicale urgente.

SCIENCES NATURELLES ***(QUIZ P. 58)***

1 / b - De la truie. La laie est la femelle du marcassin. La hase est la femelle du lièvre.
2 / d - La caille.
3 / d - 22 mois. Les éléphants ont la plus longue gestation parmi les mammifères terrestres.
4 / b - Le hamster. Sa période de gestation est de 16 jours seulement.
5 / c - Entre 5 et 6 mois.
6 / a - Une orchidée.
7 / d - En Asie du Sud-Est. Les orangs-outans vivent en Insulinde, notamment à Bornéo et Sumatra.
8 / b - Le jar. Le mâle de l'oie sauvage, quant à lui, ne possède pas de nom particulier.
9 / c - Le requin-pèlerin. Seuls les requins-baleines ont une taille plus importante encore. Les requins-pèlerins, comme les requins-baleines, se nourrissent exclusivement de plancton.
10 / d - Céphalopodes.
11 / b - Bleu. Cet oxyde cobalt est de couleur bleu saphir.
12 / a - Aux amphibiens.
13 / a - Elle était le plus vieil animal vivant connu. Découverte en 2006, elle a été aussitôt tuée, par mégarde, par les scientifiques qui souhaitaient déterminer son âge. Elle avait 507 ans.
14 / b - Au règne animal. Longtemps pris pour une pierre ou une plante aquatique, le corail est en réalité un animal de l'embranchement des Cnidaires, soit la même famille que les méduses.
15 / b - Le pétrole. Le terme est emprunté au latin médiéval *petroleum* (ou *petroleum oleum*), c'est-à-dire « huile minérale ».
16 / a - Séquoia à feuilles d'if. Nommé Hyperion, il prend racine en Caroline du Nord et mesure 115, 55 m.
17 / c - La prune de Kakadu. Elle contient 3 000 à 5 000 mg pour 100 g de fruit.
18 / b - La trompette-de-la-mort. Malgré son nom terrifiant, ce champignon est tout à fait comestible.

19 / c - L'humidifier en la vaporisant d'eau douce.
20 / c - 10.
21 / a - Le charbon. C'est une énergie fossile, encore très utilisée partout sur la planète..

PHILOSOPHIE & RELIGIONS

MYTHES & MYTHOLOGIES *(QUIZ P. 62)*

1 / b - À porter le monde sur son dos. Il fut brièvement soulagé de son fardeau par Hercule, puis il dut le reprendre.
2 / c - Il prit la forme d'un taureau blanc. Ce rapt d'Hélène est fréquemment représenté dans la peinture.
3 / a - Zeus.
4 / c - Héra. Celle-ci est appelée Junon dans la mythologie romaine.
5 / d - Celle d'un tigre. Cet animal n'était pas familier aux Grecs…
6 / b - La longévité. Achille préfère une vie courte, mais glorieuse, à une existence longue, mais obscure.
7 / c - Pour assurer des vents favorables à la flotte grecque en partance pour Troie.
8 / a - Pâris. Ce prince troyen est le fils de Priam et le frère d'Hector.
9 / c - L'un est humain et mortel, l'autre est un demi-dieu et donc immortel. Ces jumeaux sont appelés les Dioscures. La légende la plus fréquente veut que leur mère Léda, épouse de Tyndare, se soit unie avec Zeus, métamorphosé en cygne. Elle aurait ensuite pondu deux œufs, l'un contenant Pollux et Hélène, les enfants de Zeus, et l'autre contenant Castor et Clytemnestre, ceux de Tyndare. Ces derniers sont donc de simples mortels, tandis qu'Hélène et Pollux sont des demi-dieux.
10 / b - Leur chant est irrésistible. Elles attirent donc les marins, puis, quand ceux-ci sont à proximité, se transforment en monstres et les dévorent.
11 / d - Circé.
12 / a - Le sphinx. L'énigme était : « Quel est l'animal qui a quatre pattes le matin, deux pattes le midi et trois pattes le soir ? » La réponse était l'homme, car celui-ci marche à quatre pattes au matin de sa vie, sur ses deux jambes quand il est adulte et à l'aide d'une canne lorsqu'il est âgé, au soir de sa vie.
13 / c - Créon a privé Polynice, le frère d'Antigone, de sépulture pour trahison de la cité. Auparavant, les deux demi-frères, Polynice et Étéocle, se sont entretués pour le pouvoir à Thèbes.
14 / a - Sa sœur, Électre.
15 / c - Le dieu de la médecine. Son nom dans la mythologie romaine est Esculape.
16 / b - De son beau-fils, Hippolyte. Cette passion incestueuse la mène à sa perte.
17 / b - Elle tue les enfants qu'elle a eus de Jason.
18 / a - Perséphone. Hadès l'a enlevée à sa mère Déméter, elle-même déesse de la fécondité et des moissons.
19 / c - Le dieu du temps. Celui-ci est Chronos (Saturne dans la mythologie romaine).
20 / c - Elles vivent à cheval. Les Amazones sont vaincues par Thésée après un difficile combat.
21 / b - Chiron. Un centaure est un être fabuleux, mi-homme, mi-cheval.
22 / a - Thétis. Celle-ci est la mère d'Achille.
23 / c - Éros.
24 / d - Euterpe (musique, chant). Euterpe est l'une des Muses.
25 / a - À Zeus. Le sanctuaire d'Olympie lui était en effet voué.
26 / a - Le lieu des Enfers réservé aux gens vertueux. Les âmes des maudits étaient, quant à elles, précipitées dans le Tartare.
27 / d - Jamais. Les calendes font partie du calendrier romain uniquement. D'où l'expression « renvoyer aux calendes grecques ».
28 / b - Un fleuve qui charriait des paillettes d'or. Ce fleuve coulait dans le royaume de Lydie (en Asie mineure), dont le roi s'appelait Crésus…
29 / b - Mars. De là, la vocation guerrière des Romains…
30 / c - Une vestale. Les vestales ne pouvaient, sous peine de mort, avoir de relations sexuelles. L'oncle de Rhéa Silvia, Amulius, qui avait usurpé le trône d'Albe, l'avait obligée à exercer cette fonction afin de l'empêcher d'avoir une descendance.
31 / a - Anchise. Ascagne est le fils d'Énée.
32 / c - Vénus.
33 / b - Les Sabins. En peinture, *L'Enlèvement des Sabines* a été représenté aussi bien par Nicolas Poussin que par Jacques-Louis David.
34 / b - La chute de la royauté romaine.
35 / a - Les dieux de la maisonnée, du foyer.
36 / b - Les dieux protecteurs de la famille. Ils sont associés aux lares dans un même culte domestique, au point qu'on parle encore, aujourd'hui, des lares et des pénates.
37 / c - La chouette. La Minerve romaine est l'équivalent de l'Athéna grecque.
38 / b - La déesse des moissons et de la fécondité. Cérès a pour équivalent grec Déméter.
39 / b - Les Parques. Elles se nomment Clotho, Lachésis et Atropos.
40 / c - La déesse de la renommée et des ragots. Ses nouvelles se diffusent particulièrement vite…
41 / b - Il peut lire les auspices dans les entrailles animales. Les haruspices étaient des devins ou prêtres d'origine étrusque.

RELIGIONS *(QUIZ P. 66)*

1 / a - Adam. Leur mère est évidemment Ève.
2 / a - La chasse. Il est « le chasseur devant l'Éternel ».
3 / b - D'Isaac. Dans un épisode célèbre, souvent représenté par les peintres, Abraham accepte de sacrifier Isaac à Yahvé, qui arrête cependant son bras à la dernière minute.
4 / d - Statue de sel. En se retournant vers les deux cités qui sont en train d'être détruites, la femme de Loth manifeste son refus du repentir.

5 / c - De le dépouiller et de le jeter dans un puits. L'aîné, Ruben, empêcha que Joseph soit tué. Finalement, des marchands qui passaient par là tirèrent Joseph de la citerne et le vendirent aux Ismaélites, qui l'emmenèrent en Égypte. Ses frères utilisèrent sa tunique et du sang d'agneau pour faire croire au décès de Joseph à leur père Jacob, inconsolable.
6 / c - La femme de Potiphar. Elle emporta le vêtement de Joseph, qui avait fui devant ses avances, et s'en servit pour l'accuser.
7 / a - À Noé correspond l'arche, à Jonas la baleine (dans le ventre de laquelle il vécut), à Joseph les sept vaches grasses et les sept vaches maigres (qui lui apparurent en rêve) et enfin à Moïse le buisson ardent (au travers duquel Yahvé se révéla à lui).
8 / b - La fille du pharaon. Moïse signifie « sauvé des eaux ».
9 / c - 10. Ce sont : les eaux du fleuve changées en sang ; les grenouilles ; les moustiques ; les bêtes sauvages ; la mort des troupeaux ; les ulcères ; la grêle ; les sauterelles ; les ténèbres et la mort des premiers nés.
10 / a - Aaron. Il était le frère de Moïse et de Myriam.
11 / b - David. Par la suite, celui-ci devint un héros après avoir vaincu le géant Goliath à l'aide de sa fronde et fut intronisé roi à la mort de Saül.
12 / d - Salomon. Fils de David et de Bethsabée, il était célèbre pour son sens de la justice, qu'illustre l'épisode du « jugement de Salomon ».
13 / b - Bonne nouvelle. Ce mot vient du grec. Il désigne les récits relatifs à la vie et à l'enseignement de Jésus.
14 / b - Pierre, André, Jacques et Jean.
15 / a - Dismas et Gestas. Dismas est le bon larron, voué au paradis, tandis que Gestas (ou Gesmas) est le mauvais larron, promis à l'enfer.
16 / b - Le lieu du crâne. Ce nom vient sans doute de la présence d'ossements, mais il se peut aussi que le sommet de la colline eût la forme d'un crâne. On l'appelle également le calvaire.
17 / c - Saul de Tarse. Celui-ci se convertit après cet épisode et devint, sous le nom de Paul, l'un des plus fervents apôtres du Christ.
18 / d - Saint Jean de Patmos. Ce texte aurait été écrit vers l'an 95.
19 / c - Un tiers. Tous courants confondus, c'est la première religion du monde, devant l'islam (qui connaît cependant un rythme de progression plus rapide).
20 / d - Le poisson. En grec, la langue des évangiles, « poisson » s'écrit ichthus. Chacune des cinq lettres du mot ichthus est le début d'une expression que l'on traduit : « Jésus, Christ, Fils, de Dieu, Sauveur. » Les poissons dessinés schématiquement par les premiers chrétiens renvoyaient à cette anagramme.
21 / a - Acheiropoïètes. Ce mot issu du grec signifie littéralement « non fait de main d'homme ». Le voile de Véronique ou le saint suaire de Turin sont des images acheiropoïètes.
22 / b - Constantin. Il régna de 306 à 337.
23 / c - 1054. Cet événement est appelé le Grand Schisme.
24 / c - Saint Bruno.
25 / c - Le concile de Trente. Ce concile s'est tenu de 1545 à 1563.
26 / b - 87 ans. Par l'édit de Nantes, les réformés obtenaient la liberté de conscience, une liberté de culte limitée et l'égalité civile. Il fut révoqué par l'édit de Fontainebleau signé par Louis XIV en 1685.
27 / c - Pie XII. On a reproché à Eugenio Pacelli, pape sous le nom de Pie XII de 1939 à sa mort, de ne pas avoir suffisamment dénoncé la persécution des juifs par les nazis.
28 / a - 266. Le pape François, élu en 2013, est le 266e pape.
29 / d - 50 ans.
30 / c - Le 500e anniversaire de la naissance de Luther. Né en 1483, celui-ci est mort en 1546.
31 / b - Les quakers. George Fox est le fondateur de la Société religieuse des Amis, dont les membres ont été surnommés par leurs adversaires les quakers (d'un mot qui signifie « trembleurs » en anglais, car Fox exhortait ses fidèles à « trembler devant le Seigneur »).
32 / a - Coptes.
33 / c - Gabriel.
34 / a - Un chapitre. Une sourate est formée d'un ensemble de versets.
35 / c - De 571 à 632.
36 / d - 11. La première était Khadija et la dernière Maymûna.
37 / d - L'Indonésie.
38 / d - L'Hégire. L'Hégire (en arabe « exil », « rupture » ou « séparation ») désigne le départ de Mahomet et de ses compagnons de La Mecque vers l'oasis de Yathrib, ancien nom de Médine. De par l'importance de cet événement, le calendrier musulman démarre au premier jour de l'année lunaire où l'Hégire a lieu, ce qui correspond au 16 juillet 622.
39 / b - 10 à 15 %. Les chiites sont les partisans d'Ali (le cousin et gendre de Mohamed, mais aussi le quatrième calife de l'islam), ceux qui croient en son imanat.
40 / a - L'islam sunnite.
41 / b - Un bain rituel utilisé pour l'ablution. Une école juive est une yeshiva.
42 / d - Titus.
43 / c - Le *Zeved Habat*. La *Brith Milah* est la circoncision. La *Bar Mitzvah* est le rite initiatique par lequel le jeune garçon marque, à 13 ans, sa majorité.
44 / d - Le Bénin. Les Noirs capturés et vendus en esclavage répandirent ensuite ce culte aux Caraïbes.
45 / c - Océan de sagesse.

PHILOSOPHIE (QUIZ P. 70)

1 / b - Thalès. La philosophie est, étymologiquement, l'« amour de la sagesse ».
2 / d - Pyrrhon. Les « philosophes présocratiques » sont ceux qui vivaient avant Socrate, aux VIe et Ve siècles avant notre ère. Pyrrhon, qui est considéré comme le père de la tradition sceptique, n'appartient pas à cette catégorie, puisqu'il vécut de 360 à 275 avant J.-C.

3 / d - Héraclite. Dit « l'obscur », Héraclite, qui vivait à Éphèse dans la seconde moitié du VIe siècle avant J.-C., a développé une pensée fondée sur le devenir de toute chose.
4 / b - Démocrite. Élève de Leucippe, qui aurait inventé la notion d'atome, Démocrite développa la première explication matérialiste du monde, qui fut ensuite reprise par Épicure.
5 / c - Protagoras. Ce dernier est le plus important des sophistes, ces penseurs du Ve siècle avant notre ère que Platon a durement critiqués, les taxant de relativistes (c'est-à-dire leur reprochant d'affirmer que « tout se vaut »).
6 / d - Les réalités essentielles et originelles de toute chose. Celles-ci sont situées dans un « monde intelligible » que Platon oppose au « monde sensible ».
7 / b - Le *Phédon.*
8 / c - Académiciens. L'école fondée par Platon s'appelait en effet l'Académie. Les péripatéticiens (du verbe *peripatetikós*, « qui aime se promener en discutant ») sont les disciples d'Aristote et sont ainsi nommés parce qu'ils prenaient leurs leçons en marchant.
9 / c - Le Jardin. Cette école était ouverte également aux femmes, d'où la réputation de débauche (dépourvue de fondement) des épicuriens. Le Lycée était le nom de l'école créée par Aristote.
10 / c - Aristote. Il voulait dire par là que l'homme est fait pour vivre dans une cité (en grec, *polis*).
11 / a - La vertu. Aristote aborde ces questions, notamment dans L'*Éthique à Nicomaque*. Le plaisir (entendu au sens d'absence de trouble et de douleur) est le souverain bien pour les épicuriens.
12 / d - Lucrèce. Auteur du *De natura rerum*, au Ier siècle avant notre ère, Lucrèce est un poète et philosophe épicurien.
13 / d - Le stoïcisme. Ce mot vient du grec *stoa*, le « portique », parce que Zénon de Cition donnait ses leçons sous un portique de l'agora à Athènes.
14 / d - Marc-Aurèle. Il est l'auteur de *Pensées pour moi-même* au IIe siècle de notre ère.
15 / c - Saint Thomas d'Aquin.
16 / b - Les réalistes aux nominalistes. Les deux écoles s'opposaient sur la question de savoir si les catégories universelles sont de pures conceptions de l'esprit, autrement dit de simples noms (thèse des nominalistes), ou si elles ont une réalité (thèse des réalistes).
17 / a - Averroès. Il fut également médecin et juriste. Avicenne fut un philosophe persan, tout comme Al-Fârâbî. Ibn Khaldoun fut quant à lui un historien et penseur arabe, considéré comme l'un des précurseurs de la sociologie.
18 / a - *L'Éloge de la folie.* L'ouvrage fut publié en 1511.
19 / c - Plaute. Le dramaturge latin utilise cette formule (en latin : *homo homini lupus*) dans sa comédie *Asinaria*, en 212 avant J.-C. Elle est ensuite reprise et popularisée par Thomas Hobbes au XVIIe siècle dans *Le Léviathan.*
20 / a - Comme des machines. Descartes a forgé la thèse dite de l'« animal-machine ». Il souligne combien les bêtes, privées de langage et de raison, sont inférieures à l'homme.
21 / d - L'effort pour persévérer dans son être qui caractérise tout ce qui existe. Ce concept apparaît notamment dans l'Éthique.
22 / a - Blaise Pascal. Pour lui, l'imagination est la plus redoutable ennemie de la raison.
23 / b - Bernard de Fontenelle.
24 / b - Baruch Spinoza. Il était l'un des premiers à formuler pareille proposition, en 1677.
25 / a - Gottfried Leibniz. À travers lui, c'est l'idée de providence chrétienne que critique Voltaire.
26 / a - Königsberg. Kant n'a pour ainsi dire jamais quitté cette ville, où il était célèbre pour la régularité absolue de ses habitudes.
27 / b - Universel. Pour Kant, « le beau plaît universellement sans concept », c'est-à-dire que tout être humain doit être touché par une belle œuvre d'art.
28 / b - B. La dépendance. L'hétéronomie est le contraire de l'autonomie. Ce concept est utilisé notamment par Kant.
29 / c - C. Jamais. Kant s'est opposé sur ce point à Benjamin Constant, qui estimait que le mensonge pouvait être autorisé dans certaines circonstances.
30 / d - Jean-Jacques Rousseau. Cette formule célèbre apparaît au début du *Contrat social*, publié en 1762.
31 / c - Napoléon. Pour Hegel, Napoléon était, sans le savoir, l'agent de l'Histoire universelle.
32 / d - Auguste Comte. Il est le fondateur du positivisme.
33 / b - Karl Marx. Ce dernier se rattache au courant matérialiste.
34 / b - Arthur Schopenhauer. Il est au XIXe siècle le grand penseur du pessimisme. Il a beaucoup influencé, notamment, les romanciers naturalistes en France.
35 / a - Alexis de Tocqueville. C'est la thèse qu'il énonce dans *De la démocratie en Amérique* (1835-1840).
36 / d - Friedrich Nietzsche. Cette formule célèbre figure dans *Ainsi parlait Zarathoustra* (1883).
37 / d - Les *Méditations cartésiennes.* Il s'agit d'une œuvre du philosophe phénoménologue Edmund Husserl.
38 / a - « L'existence précède l'essence. » Sartre a en effet développé une philosophie dite « existentialiste ».
39 / c - Gaston Bachelard. Dans *La Formation de l'esprit scientifique* (1938), Bachelard désigne comme obstacle épistémologique tout ce qui vient se placer entre le désir de connaissance du scientifique et l'objet étudié. Leur effet est d'induire en erreur les savants, qui doivent avant tout se délivrer de leurs propres préjugés.
40 / d - Martin Heidegger.
41 / c - Alain Finkielkraut. Il y dénonce en particulier les ravages qu'exerce le relativisme culturel sur nos sociétés.
41 / a - Luc Ferry. *La Pensée 68*, paru en 1985, dénonce les philosophes qui ont plus ou moins directement inspiré le mouvement de Mai 68 en France.

LANGUE FRANÇAISE & MATHÉMATIQUES

LANGUE FRANÇAISE (QUIZ P. 76)

1 / a - Relai. On écrit : « un relais ».
2 / b - Charriot. Tous les dérivés de « char » redoublent le « r », sauf « chariot ».
3 / a - Exhaucer. Il faut écrire : « exaucer ».
4 / b - Ornithorynque.
5 / d - Sycophante. Ce mot est synonyme de « délateur ».
6 / a - Amygdales.
7 / a - Affaissemment. Il faut écrire : « affaissement ».
8 / d - Quoique ... prêt.
9 / a - Sinusite.
10 / d - Session. La « cession » est le fait de céder (donner) quelque chose.
11 / c - Cable. Il faut écrire : « câble ».
12 / b - Il me parle souvent en termes sibyllins. L'adjectif « sibyllin » signifie : « qui est mystérieux, obscur, dont le sens est difficile à saisir ».
13 / a - Qu'on repère son repaire. Le « repaire » est le lieu où l'on se cache. « Se repérer », c'est s'orienter, retrouver un lieu.
14 / d - Une logorrhée. Ce mot désigne un « flux de paroles inutiles, un bavardage intarissable et vain ».
15 / d - Masculin et féminin.
16 / c - Anacoluthe. Cette figure de rhétorique désigne une rupture de construction grammaticale au milieu d'une phrase qui amène un élément ou un sens inattendu.
17 / c - Oasis.
18 / a - Anagramme.
19 / d - Éphéméride.
20 / a - Masculin. Ce mot désigne les ailes des coléoptères.
21 / d - Météorite. Ce mot est féminin, quand les trois autres sont masculins.
22 / c - Tous les dimanches matin.
23 / b - Des timbres-poste.
24 / d - Des haut-parleurs. Le premier élément est un adverbe et le second élément est un nom : seul le nom varie.
25 / a - Des chefs-d'œuvre. Dans les noms composés du type nom + préposition (ici, « d' ») + nom, c'est généralement le premier élément qui est variable au pluriel.
26 / b - Des ayants droit.
27 / b - Marron. « Marron » et « orange » ne s'accordent jamais quand ils servent à désigner la couleur.
28 / d - Huit heures et demi.
29 / a - En son for intérieur. Cette expression signifie « au fond de soi », « dans sa conscience ».
30 / b - À l'envi. Cette expression a le sens d'« autant qu'il se peut ». Attention de ne pas écrire « à l'envie ».
31 / d - Aux dépens. Le verbe à l'origine de cette expression est « dépenser », et non « dépendre », d'où l'orthographe « aux dépens de » ; de la même manière, un tribunal peut condamner quelqu'un « aux dépens », c'est-à-dire à rembourser les frais de justice engagés par l'autre partie.
32 / c - Ces grandes vacances commencent sous les meilleurs auspices.
33 / c - Curriculum vitæ.
34 / a - La bonne chère. Au sens premier, « faire bonne chère à quelqu'un » (du latin *cara*, « le visage »), c'est lui faire bon accueil.
35 / d - Quarante quatrième rang. Il faut écrire : « le quarante-quatrième rang ».
36 / c - Seing.
37 / a - Ceint.
38 / b - Convaincant.
39 / c - Une dissension.
40 / b - Des mille et des cents. Mille est invariable.
41 / a - Suffocante.
42 / c - Différend. L'adjectif « différent » s'écrit avec un « t ». Le nom « différend » s'écrit avec un « d ». L'homophone « différant » est le participe présent du verbe « différer ».
43 / b - Suspens. On parle en revanche d'un « film à suspense » et, dans le domaine ecclésiastique, d'un prêtre « frappé de suspense », c'est-à-dire suspendu de ses fonctions.
44 / c - Indicatif passé antérieur.
45 / c - Vous croissiez.
46 / c - Fût. « Bien que » est toujours suivi du subjonctif.
47 / b - Il résout. Beaucoup font l'erreur et écrivent cette forme avec un « d », ce qui est incorrect.
48 / b - J'absous.
49 / d - Attends que j'ai fini cet exercice. Il faut écrire « attends que j'aie fini cet exercice », car le subjonctif est nécessaire après cet impératif.
50 / b - Eut. « Après que » est suivi en principe de l'indicatif ou du conditionnel, et non du subjonctif. Ici, « qu'il eut » est du passé antérieur.
51 / b - Du subjonctif passé. Le subjectif plus-que-parfait aurait été : « que nous eussions fini » et le subjonctif imparfait : « que nous finissions ».
52 / a - Recouds – résous – mouds – joue – dissous.
53 / b - Gésir.
54 / c - Courût.
55 / b - Je faux.
56 / d - Il eut secouru. « Il a secouru » est du passé composé de l'indicatif. « Il aurait secouru », du conditionnel passé. « Il eût secouru », du subjonctif plus-que-parfait.
57 / c - Le passé surcomposé de l'indicatif. Cette forme, assez rare il est vrai, est constituée de deux auxiliaires (« ai » et « eu »). L'auxiliaire « avoir » vient s'ajouter au temps composé déjà en place. Dans la phrase : « Quand Paul a eu déjeuné, il est allé digérer », le passé surcomposé « a eu déjeuné » marque l'antériorité par rapport au passé composé.
58 / c - Brossé.
59 / c - L'histoire que je me rappelle. On se rappelle quelque chose et on se souvient de quelque chose.
60 / b - Pour pallier ses problèmes de grammaire, elle a décidé d'apprendre par cœur son manuel. « Pallier » se construit directement avec un complément d'objet : c'est un verbe transitif direct. On ne doit donc jamais dire « pallier à » quelque chose.

61 / c - Elles se sont succédé sur le trône.
Le participe passé de « se succéder » est invariable.
62 / c - Vos bonbons, j'en ai mangé. « En » est considéré comme neutre. Donc, même si le COD est placé avant l'auxiliaire, il n'y a pas d'accord ni en genre ni en nombre.
63 / a - Les profits qu'il en a tirés.
64 / d - Apposition.
65 / b - Attribut de l'objet.

MATHÉMATIQUES (QUIZ P. 80)

1 / c - 36 t. Rappelons que la masse volumique de l'eau est de 1 000 kg/m^3.
2 / b - 12,5 %.
3 / a - 7 - 21*x*.
4 / b - 1.
5 / d - 10 km.
6 / d - Cette équation est impossible. $x^2 = - 4$, or un carré ne peut être négatif.
7 / c - √ 121.
8 / a - F. La série croise les voyelles dans l'ordre alphabétique et les consonnes dans l'ordre alphabétique. La suivante est donc la consonne qui suit le « D » : c'est bien le « F ».
9 / c - 4 000. Le premier chiffre croît de 1 en 1, et on place un zéro de plus derrière à chaque fois. On a donc un 4 suivi de 3 zéros.
10 / c - Ils sont aussi rapides l'un que l'autre.
11 / c - 16 et 7.
12 / a - 360.
13 / b - 60. Il s'agit d'une suite des multiples de quatre, sauf que l'on « saute » un multiple n à chaque n + 1. Voici la suite : 4, on saute un multiple (donc on saute 8) et on arrive à 12 ; 12, on saute deux multiples (donc 16 et 20), on arrive à 24 ; 24, on saute trois multiples (donc 28, 32 et 36), on arrive à 40 ; 40, on saute quatre multiples (donc 44, 48, 52 et 56), et on arrive donc à 60.
14 / a - 54. Il s'agit d'une suite décroissante des multiples de 9.
15 / c - 31 153 114. Il s'agit d'une suite ou l'on écrit les chiffres comme si on les lisait à haute voix. Dans le chiffre 54, il y a 1 cinq et 1 quatre, on écrit donc : 1514 ; 1514 : il y a 1 un, puis 1 cinq, puis 1 un, puis 1 quatre, soit 11151114 ; 11151114 : il y a 3 un puis 1 cinq, puis 3 un puis 1 quatre, soit 31153114.
16 / b - Bonn.
17 / a - 35. La cinquième partie de la moitié (soit le dixième) de 14 000 est 1 400, divisé par 4 = 350, etc.
18 / d - DH. L'écart entre les lettres est d'abord de 1, puis de 2, puis de 3, etc.
19 / c - Chambre C. En effet, si les lions n'ont pas mangé depuis trois ans, ils sont tous morts de faim.
20 / d - Ni l'un l'autre. Au moment où le TGV et l'omnibus se croisent, ils se trouvent tous deux à la même distance de Paris.
21 / a - H, N, D. Les termes de cette suite correspondent aux initiales des chiffres : un, deux, trois, quatre, cinq, six, sept, huit, neuf et dix.
22 / a - Elle ne le touchera jamais. Le bateau monte en même temps que le niveau de l'eau, puisqu'il flotte.
23 / a - S. En effet, la suite progresse le long des lettres de l'alphabet en ajoutant 1 à chaque fois. F + 3 + 1 = J et J + 2+ 1 = M. Donc M + 5 + 1= S.
24 / d - 59 jours. En effet, le chef de clan met 60 jours à conquérir son territoire et la veille de ce 60e jour, il est sur le point de le doubler…
25 / b - Urbaine. La suite fait se succéder des noms en fonction de la progression de leur première lettre dans l'alphabet. Louis IV = L + 4 = P (la 5e lettre suivant le L dans l'alphabet), donc Pélagie. De même, Auguste IX = A + 9 = J, d'où la princesse Julia. Nicolas VII = N + 7 = U. La princesse aura donc un nom qui commence par U.
26 / a - 2 (3,14 × *r*). Le périmètre d'un cercle est égal à son diamètre multiplié par π (environ 3,14). Pour obtenir le diamètre, il faut donc multiplier la longueur du rayon par 2, et l'insérer ensuite dans la formule.
27 / c - 950 m. Le périmètre du rectangle ABCD est égal à la somme des longueurs des quatre côtés : AB + BC + CD + DA.
28 / d - 8 cm.
29 / b - 65,06 cm. L'aire d'un cercle est égale à son rayon au carré multiplié par π (environ 3,14). Aire du cercle = r2 x π.
30 / c - Cosinus. Cos x = cos – x, mais sin – x = - sin et tan – x = - tan x.

**Mais qu'est-ce donc que la culture
si ce n'est d'extraire de la matière brute de la vie
ce qu'elle a de plus fin, de plus délicat,
de plus subtil par les douceurs
de l'art et de l'amour ?** *Stefan Zweig*

**C'est ça, la culture : c'est tout ce que l'homme
a inventé pour rendre le monde vivable
et la mort affrontable.** *Aimé Césaire*

**La culture ne connaît pas de nations
mineures, elle ne connaît que des nations
fraternelles.** *André Malraux*

HORS-SÉRIE LE FIGARO / LE FIGARO Littéraire
édité par la SOCIETE DU FIGARO SAS,
14 boulevard Haussmann, 75009 Paris

Directeur de la publication : Marc Feuillée
Directeur des rédactions : Alexis Brézet
Directeur du Figaro Littéraire : Étienne de Montety
Directeur de la diversification éditoriale : Pierre Doncieux
Directeur artistique : Philippe Gruson
Éditeur : Robert Mergui
Directeur de la diffusion : Philippe Grinberg
Directeur industriel : Marc Tonkovic
Responsables pré-presse : Alain Penet, Corinne Videau
Directrice de la communication : Aurélie Brou

Une réalisation des Éditions First
Direction des partenariats éditoriaux : Véronique Chanson
Conception et édition : Delphine Depras
Collaboration éditoriale : Juliette Kirszenberg
Correction : Marie Barriet-Savev
Maquette et mise en page : Guillaume Arduré
Rédaction : Pascal Bordé, Florence Braunstein, Jean-Jacques Breton, Philippe Cachau, Hélène de Champchesnel, Hugo Coniez, Delphine Depras, Hélène Gest-Drouard, Gilles Guilleron, Vincent Jullien, Daniel Lacotte, Stephen Maran, Philippe Moreau Defarges, Marie-Dominique Porée, Jean-Christophe Saladin, Catherine Valenti, Dominique Williatte

Dépôt légal : à parution
ISSN : 1951-5065
N° de commission paritaire : 0421 C83022
Impression : Imaye Graphic (France)
Origine du papier : Suède
Taux de fibres recyclées : 0 %
Eutrophisation : Ptot 0,033 kg/tonne de papier
Diffusion : Presstalis

Certifié PEFC
Ce produit est issu de forêts gérées durablement et de sources contrôlées.
PEFC 10-31-1141 pefc-france.org